一起读论语

经典来了

孟琢 著

人民文学出版社　天天出版社

图书在版编目（CIP）数据

一起读论语 / 孟琢著. -- 北京：天天出版社，2024.6
（经典来了）
ISBN 978-7-5016-2239-9

Ⅰ.①一… Ⅱ.①孟… Ⅲ.①《论语》-青少年读物 Ⅳ.①B222.2-49

中国国家版本馆CIP数据核字（2024）第034860号

责任编辑：陈 莎　　　　　　**美术编辑：林 蓓**
责任印制：康远超 张 璞

出版发行：天天出版社有限责任公司
地　　址：北京市东城区东中街42号　　　邮编：100027
市 场 部：010-64169902　　　传真：010-64169902
网　　址：www.tiantianpublishing.com
邮　　箱：tiantiancbs@163.com

印　　刷：天津善印科技有限公司　　　经销：全国新华书店等
开　　本：710×1000 1/16　　印张：13　　插页：1
版　　次：2024年6月北京第1版　　印次：2024年6月第1次印刷
字　　数：168千字

书　　号：978-7-5016-2239-9　　　　　定价：88.00元

版权所有·侵权必究
如有印装质量问题，请与本社市场部联系调换。

　　国家社会科学基金重大项目"基于历代训释资源库的中国特色阐释学理论建构与实践研究"（22&ZD257）、北京师范大学中央高校基本科研业务费优秀青年创新团队项目"基于数字人文的《说文》学跨学科研究"（1233300008）、北京师范大学民俗典籍文字研究中心及中国文字整理与规范研究中心相关成果

北京师范大学文学院教授,从事经典文献与古代汉语相关研究。在《中国社会科学》《哲学研究》等刊物发表学术论文60余篇。出版《齐物论释疏证》《汉字就是这么来的》《孔子曰》等著作。获评第二批国家级一流本科课程(课程负责人)、全国优秀博士学位论文提名、全国高校青年教师教学竞赛一等奖、文津图书奖等。积极面向社会大众传播中华优秀传统文化,在人大附中、北师大二附中、学而思、新东方、博雅小学堂、三联中读等平台开设《论语》《孟子》《庄子》《说文解字》等国学经典课程。

引 言

我们今天一起读的这本书,叫作《论语》。

这是一本怎样的书?它为什么叫这个名字?

《论语》是一本记录孔子和他的弟子们言行的书,可以说是中国文化中最重要的一部经典。关于"论语"的命名,东汉学者刘熙写了一本叫《释名》的书,书中详细讲解了万事万物命名的来源。他解释说:

> 《论语》,记孔子与弟子所语之言也。论,伦也,有伦理也。语,叙也,叙己所欲说也。

这个解释对了一半,说"论"是"伦理",说对了。什么是"伦理"?"伦"是人伦,是人和人之间自然的远近亲疏,"理"是条理。用"伦理"解释"论",说明《论语》中的思想是层次性的、整体性的。我们读《论语》,不能把里面的话割裂开来,而是要去梳理《论语》中的脉络,理解孔子的思想体系。

说"语"是"叙述",错了。古人说"直言曰言,论难曰语",老师在讲台上给学生讲课,学生不能随便说话,这就是"言";下课了，师生聚在一起聊天，老师解答同学们的问题，这就是"语"，它是互动与对话。一个"语"字，说明《论语》是孔子和弟子们的对答，是孔子的课堂实录。我们通读《论语》的时候，有时会觉得孔子有些"前后矛盾"。其实，那些看似矛盾的话，都是在不同的环境下、针对不同的弟子说的。善于读《论语》的人，一定要领会在"矛盾"背后的一以贯之的东西。

现在通行的《论语》共有二十篇，一万一千余字。每篇都从首段第一句中取两三字作为篇名，如《学而》《为政》《公冶长》等；内容上以孔子和弟子的言行为主，还涉及古代思想文化、历史政治、社会风俗等不同方面。

在中国历史上，有各种各样精彩的古书，仿佛天空中灿烂的群星。如果要在漫天星海中寻找最亮的那颗恒星，恐怕还是要选择《论语》。这是为什么呢？要知道，《论语》中记载了中国历史上最了不起的一位人物——孔子。在这部书中，有他智慧的思想，精彩的对话，跌宕起伏的人生历程，还有他和众多弟子们让人感动的师生情谊。《论语》和《大学》《中庸》《孟子》一起被称为"四书"，在中国历史上有着非常重要的影响，深刻塑造了中国人的心灵世界。

《论语》是两千多年前的古书，它并不好懂，如果让你直接面对书中古老的文言文，面对孔子深邃的思想，恐怕会望而却步。如果真是这样，实在是一件让人遗憾的事情。

那么，我们该如何进入这本重要的文化经典呢？在孔子之后，还有一位了不起的大思想家——孟子。孟子曾说，读书的时候要"知人论世"。先要了解书中的人，掌握他的生平事迹，看看在他身上发生了哪些精彩的故事；更要走进他的心灵，感受他的喜怒悲欢、所思所想；还要了解他的父母、朋友、学生，甚至是他的敌人，在他的"朋友圈"中解读他的思想。与此同时,也要了解他的时代,小到衣食住行,大到历史背景,都对读懂古书有所帮助。

总之,书是由人写成的,在经典的背后,我们要看到鲜活而真实、具体而有趣的人。

读《论语》,就是要读懂孔子这个人!

人物介绍

孔丘，字仲尼，孔子是对其尊称。儒家学派的创始人，开办了中国第一所平民学校，是中国历史上最伟大的思想家、教育家。他是温和严肃的老师，是睿智深刻的哲人，是有着远大抱负的政治家，更是一个有真性情的鲜活的人。

仲由，字子路，又字季路，孔子最亲近的弟子，比孔子小9岁，性格豪爽，武艺高强，做事勇往直前。因为年龄接近，他对孔子说话有时很不客气，但在心底又是最尊重老师的。子路晚年在卫国慷慨就义，孔子为他痛哭不已。

颜回，字子渊，也称颜渊，孔子最欣赏的弟子，比孔子小30岁，性格谦逊，聪明好学。他虽家境贫寒，衣食简陋，却始终保持着君子的至乐，脸上总带着温和的笑容。颜回英年早逝，他去世的时候，孔子悲伤至极。

子贡

端木赐，字子贡，孔子最才华横溢的弟子，比孔子小31岁，聪明绝顶，辩才无碍，既是优秀的外交家，也善于做生意，堪称春秋末年的"首富"。他对孔子忠心耿耿，追随老师周游列国，为其排忧解难。孔子去世，子贡为其守丧多年。

冉有

冉求，字子有，通称冉有，孔子重要弟子，比孔子小29岁，善于治理国家，也能冲锋陷阵。孔子周游列国后，能够回到鲁国，冉有起到很大的作用。

宰予

宰予，字子我，也称宰我，孔子的弟子，比孔子小29岁，口才很好，善于辩论，时不时和孔子辩论一番，在《论语》中留下很多有意思的对话。宰予有个小爱好——睡懒觉，曾因此被孔子狠狠批评过。

子夏

卜商，字子夏，孔子晚年的重要弟子，比孔子小44岁。他熟读经典，学问很好，很多重要的儒家经典都是通过子夏传承下来的。

曾子

曾参，字子舆，曾子是对其尊称，孔子晚年的重要弟子，比孔子小46岁。他的爸爸曾点也是孔子的学生，堪称"儒三代"了。曾子性格憨厚，有些笨笨的样子，但能够实践孔子的教诲，深得大道。

目录

一、少年孔子初长成

（一）孔子的猛男老爸 / 013

（二）小孔子的悲惨童年 / 018

（三）爱问问题的小孔子 / 021

（四）孔子的课程表 / 025

（五）学而时习之 / 029

（六）学以求道 / 033

（七）什么是真正的"好学" / 035

（八）由学到教 / 039

（九）招生啦，招生啦！ / 043

二、孔子的从政生涯

（一）孔子见老子 / 047

（二）一场斗鸡引发的政变 / 051

（三）大个子与小个子 / 055

（四）鲁国的政坛新星 / 059

（五）功亏一篑的拆迁 / 062

（六）遭遇阴谋出走 / 066

三、孔子周游列国

（一）都是长相惹的祸：匡城遇围 / 069

（二）历史名场面：孔子在卫国 / 072

（三）大树下的迫害：孔子在宋国 / 077

（四）丧家狗的欣然一笑：孔子在郑国 / 079

（五）风雨飘摇中的君子：陈蔡绝粮 / 082

（六）好龙的叶公：孔子在楚国 / 088

（七）身在外地心在鲁：终于回国了 / 092

（八）逆境中的圣贤境界：寻孔颜乐处 / 095

四、孔子和他的弟子们

（一）由政治到教育 / 101

（二）有朋自远方来 / 104

（三）因材施教与举一反三 / 107

（四）温故而知新 / 111

（五）孔门四科 / 115

（六）孔子如何教育小朋友 / 118

（七）生死相依的颜回 / 121

（八）子贡的切磋琢磨 / 125

（九）朽木不可雕的宰予 / 129

（十）师徒茶话会 / 134

（十一）历史新纪元 / 138

五、孔子的思想世界

（一）孔子论仁 / 141

（二）孔子论孝 / 148

（三）孔子论勇 / 154

（四）孔子论修身 / 159

（五）孔子论君子 / 162

（六）孔子论交友 / 165

（七）孔子论治国 / 173

六、孔子晚年的悲欢

（一）颜回之死 / 182

（二）子路之死 / 187

（三）圣人的哀歌 / 191

（四）子贡最后的陪伴 / 195

孔子之道，始于足下 / 198

成语典故 / 199

一、少年孔子初长成

我们从孔子的童年开始，走进他的人生历程。

孔子很小的时候，他的父亲就去世了。作为一个孤儿，小孔子在他的童年岁月中，经历了哪些挫折和打击呢？尽管出身贫苦，但小孔子还是通过自己的刻苦求学，成为了鲁国最优秀的年轻人。那么，在小孔子孜孜不倦的求学过程中，又有哪些值得我们学习的地方呢？

（一）孔子的猛男老爸

想要走近孔子，先要从他的童年说起。

孔子出生在春秋时期的鲁国，鲁国是大圣人周公及其后代的封国，是著名的礼乐之邦。周代光辉灿烂的礼乐文明，有很多都在鲁国保存了下来，因此也受到过"周礼尽在鲁也"的赞许。与此同时，鲁国并不是一个强大的国家，在春秋时期不过是一个中等的小国。在鲁国的旁边是强大的齐国，它经常派兵攻打鲁国，抢夺了不少城池与土地。

 一起读论语

孔子的爸爸叫叔梁纥（hé），他可不是一个普通人，而是一位威风赫赫的猛士。相传他"力能扛鼎"，面对沉重的青铜大鼎，他大吼一声，可以高高举起。如果鲁国有举重比赛，他一定能得冠军。

叔梁纥厉害到什么程度呢？有一次，他带领诸侯的将士们，去攻打一个叫偪（fù）阳的城池。敌人听说叔梁纥是领兵大将，不可力敌，于是心生一计：他们建造了内外两座城门，想要引诱叔梁纥冲进来，来个"瓮中捉鳖"。战斗开始了，叔梁纥身先士卒，冲锋陷阵。偪阳人打开外城城门，叔梁纥率领将士们冲了进去，不想眼前还有一重城门。他正在纳闷之际，忽然身后"轰"的一声巨响，回头一看，大事不妙，敌人放下了千斤闸！"坏了！出不去了！"将士们面如土色。"哈哈哈！"叔梁纥豪爽地大笑，"不用怕，看我的！"

只见叔梁纥不慌不忙，走到千斤闸下，双手一托，大喝一声："起——"沉重的千斤闸竟然被他用力举起，"将士们，我们走！"鲁国的将士们又惊又喜，我们这位将军真是天生神力，太厉害了！城头上，敌国的战士们看叔梁纥如此威猛，都忘记了射箭，口中喃喃说道："太猛了！太猛了！"

叔梁纥的勇猛事迹，可不止一件。在鲁国和齐国的另一次战争中，鲁国大夫臧（zāng）纥被齐国大军层层围困，围了个水泄不通。怎么办？谁能在千军万马之中，救出这位可怜的臧大夫？

"当然是我叔梁纥了！"叔梁纥挺身而出，单枪匹马，杀入重围，把臧纥救了出来。他带着臧纥在前面跑，齐国军队在后面追："站住！有种别跑！"追着追着，叔梁纥恼了，要不是为了保护臧大夫，我才不跑呢！一怒之下，他对臧纥说："您先回营，待我和追兵厮杀一场！"

"寡不敌众，这也太危险了吧……"臧纥话没说完，叔梁纥已

然转过身，手持宝剑，朝齐国追兵冲了过去。追兵们万万没想到，叔梁纥居然杀了个回马枪！看着他高大魁梧的身躯，手中锋芒四射的长剑，追兵们害怕了，掉头就跑，被叔梁纥一路追赶回去……

就这样，叔梁纥的英雄事迹，在各个国家传诵开来，也让他成为了当时鲁国的"第一猛男"！这样一位豪杰之士，他有一个非常朴素的人生理想，那就是生一个健康的男孩儿，从小教他武艺，传

 一起读论语

承自己的绝世武勇。

没想到的是,上天似乎和叔梁纥不断地在开玩笑——他生了一个又一个的孩子,都是女儿,唯一的一个男孩儿,还有些残疾,天生不能练武。在今天看来,男女平等,女儿是爸爸妈妈的小棉袄,但对春秋时期的古人来讲,没有儿子,便意味着家族香火的断绝,这可是件大事!

一个又一个的女儿诞生了,叔梁纥愁眉不展,什么时候能生个儿子呢?说起来,叔梁纥真不容易,随着岁数一天天变老,他的求子之心也越来越焦灼了。为了实现这个人生理想,他一直在"奋斗"不已。六十多岁时,叔梁纥娶了二十岁的颜徵(zhēng)在。他们经常到鲁国的尼山脚下向上天祈祷,祈求赐给他们一个健康的儿子。功夫不负有心人,在他们的不懈努力下,小孔子出生了!

这一天,是公元前551年夏历的八月二十七日,这是中国人的"圣诞"之日。

也许是"大器晚成"的缘故,小孔子的样子有些奇特,他头顶的骨头软软的,还有个小坑。要是今天的家长,看到儿子头上有个

坑,早就急着去看医生了。可叔梁纥不这么想,他抱着小孔子,看着远方郁郁葱葱的尼山,想到尼山顶上也有个凹陷的大坑。在古文字中,"丘"这个字写成这样——也是有凹陷的小山的样子。

"咱儿子脑袋上有个坑,尼山上也有个坑,'丘'字上面还是个坑……"叔梁纥灵光一现,"那就叫孔丘吧,字仲尼!"

你能想到吗?孔子的名字,原来出自他脑袋上的一个小坑。

古人名字中的"密码"

在古代,"名"和"字"不是一回事。古人出生,先有姓,后有名,一般成年后再根据名起一个意思相关的字。比如孔子,姓孔名丘,字仲尼,仲表示他在家排行老二,尼是如丘般的尼山。古人的字中,除了表示老二的仲,还用伯、叔、季来表示兄弟姐妹间的排行。"伯"指老大。孔子的长子叫孔鲤,字伯鱼。有时老大也用"孟"来表示,在封建宗法制下,嫡长称"伯",庶长称"孟"。比如曹操,字孟德。"叔"指排行第三,"季"指排行最小。三国时的名将孙坚,四个儿子分别叫孙策(字伯符)、孙权(字仲谋)、孙翊(yì)(字叔弼)、孙匡(字季佐),你能根据名字中的"密码",推测出他们的长幼次序吗?

 一起读论语

（二）小孔子的悲惨童年

叔梁纥晚年得子，终于实现了自己的人生愿望，对小孔子一定十分疼爱。那么，孔子的童年是不是十分幸福呢？就像我们一样，有爸爸妈妈无微不至的关爱。

很遗憾，不是这样！孔子的童年相当辛苦，可以用"悲惨"两个字来形容。在《论语》中有这样一段对话，为我们透露出孔子的童年记忆：

> 太宰问于子贡曰："夫子圣者与？何其多能也？"子贡曰："固天纵之将圣，又多能也。"子闻之，曰："太宰知我乎？吾少也贱，故多能鄙事。"
>
> ——《论语·子罕》

"太宰"的名字叫作嚭（pǐ），是春秋末年吴国的权臣，地位很高。子贡是孔子的弟子，我们还要讲到不少与他有关的故事。太宰问子贡说："你们那位孔夫子，是不是一个圣人啊，他怎么掌握了这么多的本领！"

好家伙，这样位高权重的一个人物，如此盛赞自己的老师，说他是"圣人"！子贡高兴极了，十分自豪地对太宰说道："您说对了！我的老师孔夫子，那可是天生的

大圣人，他掌握各种各样的本事！"话说完了，子贡兴冲冲找到孔子："老师，好消息！刚才太宰说您是圣人来着……"

听完了子贡的转述，孔子并没有多么兴奋，与之相反，他缓缓地皱起眉头，脸上也流露出一丝淡淡的哀伤。孔子对子贡说："子贡啊，在你看来，吴国的太宰真的了解我吗？我可不是什么天生的圣人啊！我小的时候日子十分艰苦，所以才学了各种本事。"在"少也贱，故多能鄙事"这句话中，"贱"是贫贱、贫寒的意思，"鄙"有琐碎、不重要的意思。孔子用它来形容自己的童年，固然有谦虚的一面，但也真实地反映出他辛酸的童年记忆。

孔子的童年为什么这样"悲惨"？因为叔梁纥去世得太早了。

我们说过，叔梁纥在六十多岁才生了小孔子，尽管他是一代猛将，体魄强健，但在春秋时期已经是高寿了。在小孔子三岁的时候，叔梁纥就去世了，留下年轻的妻子，带着一个还在牙牙学语的小孔子。

孤儿寡母，日子过得相当辛酸。小孔子和妈妈经常断粮，吃不饱饭；秋风萧瑟的时候，也时常做不起秋衣，在寒风中瑟瑟发抖。在困苦的生活里，小孔子很想念自己的爸爸，他经常摆开小盆、小碗，模仿着祭祀（jì sì）爸爸。为了谋生，小孔子做过各种各样的杂活，扫地、挑水、砍柴，样样都没有落下。岁数再大一些，他还曾替人看管仓库，放牧牛羊。不知道他在放牛的时候，有没有悠扬地吹响牧笛……

在辛勤的劳作中，小孔子一天天地长大了。他学会了很多本领，也越来越坚强、懂事。在艰辛的生活中，他内心深处的一个愿望越来越炽热了，那就是："我想读书求学！"孔子晚年曾经回忆起自己的生平，说的第一句话就是：

 一起读论语

吾十有五而志于学。

——《论语·为政》

在我十五岁的时候，开始立志求学。如果不了解孔子的生平，你也许会感到奇怪，为什么孔子到了十五岁才"志于学"？有的小朋友甚至还会沾沾自喜，大圣人孔夫子，求学的年龄比自己还要晚很多。但是，当你了解孔子悲苦的童年之后，就会懂得"吾十有五而志于学"这句话中沉甸甸的分量——孔子的童年孤苦伶仃，但他从来没有自暴自弃，而是在命运的低谷中追求高远，在人生的泥沼中成长为中国历史上的参天大树！

在孔子身上，我们可以充分感受这种"成长"的力量。

古人几岁开始上学？

今天的小朋友大多是六七岁开始进入小学。在孔子的时代，小朋友上学的时间则要稍晚一些，通常是在八岁。《大戴礼记·保傅》："古者年八岁而出就外舍，学小艺焉，履小节焉。"《汉书·艺文志》："古者八岁入小学，故周官保氏掌养国子，教之六书。"古代的小朋友在"小学"里主要学习两方面的内容，一是日常生活洒扫应对的礼节；二是写字、算术一类的基础文化知识。像《汉书·艺文志》里提到的"六书"，就是分析汉字的方法。

（三）爱问问题的小孔子

孔子立志向学，但他的求学之路却格外坎坷。

在孔子的时代，没有我们今天的"义务教育"，到了年纪国家供你上学，也没有大大小小、各种各样的学校。春秋时期是一个贵族社会，无论政治、经济还是军事，大权都掌握在高高在上的贵族老爷手中。教育也不例外，被贵族阶层牢牢垄断。平民子弟想要读书，只有一条路可走，那就是去侍奉贵族，担任地位低下的家臣，用自己的服务来换取知识和本领。

《礼记·曲礼》中有这样一句话，"宦（huàn）御事师"。在贵

 一起读论语

族教育中,老师多由贵族担任,他们地位尊贵,人也傲慢。因此,学生要像"宦"和"御"一样去侍奉他们。在这里,"宦"是服侍贵族的小官,"御"是赶车驾马的随从。说白了,贵族社会中的师生关系,就是老爷和仆人的关系,这有点儿像旧社会中的学徒,没工钱不说,又要倒马桶,又要哄孩子……

正因如此,春秋时期平民去求学问道,实在是一个艰辛的历程。《左传》记载,晋国大臣赵盾出城打猎,在一棵大桑树下面看见一个奄奄一息的人,那人三天三夜没吃东西。赵盾问他为什么这么落魄,原来他是去求学了三年——求学三年,给贵族当了三年"学徒",穷困潦倒,连饭都吃不上了,这正是先秦时期平民子弟艰辛求学的写照。

孔子三岁时便死了父亲,与母亲相依为命,身世孤寒,自然难以进入高高在上的贵族学校。尽管求学之路艰辛坎坷,却也难以阻挠他好学向上的昂扬志向。在《论语》中,有一个孔子少年求学的小故事:

> 子入大庙,每事问。或曰:"孰谓鄹(zōu)人之子知礼乎?入大庙,每事问。"子闻之,曰:"是礼也。"
> ——《论语·八佾(yì)》

"大庙"即"太庙"。有一天,小孔子被邀请进入鲁国太庙。说起来,太庙可不是一般的地方,这是古代帝王祭祀祖先之地。对古人来说,"国之大事,在祀与戎",祭祀和战争是国家最重要的两件事,太庙的地位不言而喻。太庙中陈列着各种礼器,也会举办各式各样的祭祀典礼,这是学习礼乐之道的好地方。

对一心向学的小孔子来说，这样的机会可不能错过，抓紧提问，请教礼乐之道！

小孔子走到太庙门口，门口拴着三种动物，一头牛，一头羊，一头猪，这是古人祭祀用的"太牢"。他忍不住问道："请问，为什么把它们拴在这里呢？它们是用来做啥的呢？"

走进太庙的大门，看到庭院里摆放着"九鼎"，里面放着各种各样的祭品。小孔子忍不住问道："请问，九鼎中都放着哪些祭品呢？"

再往里走，看到国君站在太庙正殿门口，迎接远道而来的宾客。大殿有东西两个台阶，国君站在东边的台阶上。小孔子又好奇了："请问，主人迎接宾客，为什么要站在东边的台阶上呢？"

对我们来说，这些问题不免有些陌生，对先秦古人而言，这都是必备的礼仪常识。问着问着，太庙里的"大人"们有些不耐烦了，他们批评说："哎呀，好烦啊！谁说叔梁纥的这个小儿子懂得礼仪呢？你看看他，每件事都要问个不停！"

请注意，《论语》中的"鄹"是叔梁纥的家乡，"鄹人之子"类似于"叔梁纥家的儿子"。"大人"们不直接称呼孔子的名字，而是说"谁谁谁家的孩子"，这个细节告诉我们，这是孔子小时候的故事。

要是儿时的你被"大人"们严厉地批评，会怎么样呢？有的人会不好意思，羞红了脸；有的人比较敏感，干脆流下了委屈的泪水。但小孔子可不是这样，在他身上有种顶天立地的劲儿。他看着那些一脸不耐烦的"大人"们，认真地说："是礼也！"

"这就是礼啊！"你们别嫌我问题多，要知道，把礼的道理问清楚、学明白，这是我对礼乐文化的敬意，也是我热爱学习的志向！什么是礼？这种精神才是真正的合礼呢！

  面对贵族们的讥讽,小孔子不卑不亢,真是一个志气昂扬的好少年。认真对待每一件事情,不懂就问,不怕嘲笑,这也是他能够成为博学君子的原因。求学之路越艰难,小孔子对学习的热情就越充沛。在不断地勤学好问中,他养成了好学善问的学习态度,摸索出各种各样的学习方法。

  关于孔子"学"的智慧,我们还会不断讲到。

古代祭祀都有什么祭品？有着怎样的等级？

祭祀在古人生活中占有很重要的位置，祭品的选择是其中不可忽视的重要环节。古代祭祀的祭品种类非常多样，有动物、谷物、玉器等等。其中，动物类祭品统称为"牺牲"，包括牛、羊、猪三种动物。"牺牲"分为三等：最高级别的称作"太牢"，牛、羊、猪全备，一般是天子、诸侯使用；次一级的叫作"少牢"，由羊和猪组成；再次一级的叫作"特牲"，单用羊或猪，"少牢"和"特牲"一般由卿大夫、士使用。盛放祭品的祭器方面，天子使用九鼎八簋（guǐ），诸侯使用七鼎六簋，卿大夫、士依次递减。随着祭器数量的减少，祭品也随之改变，体现出严格的等级制度。

（四）孔子的课程表

想要了解孔子的学习之道，先要从他的课程表说起。

春秋时期的课程表和今天的课程表大不相同。在孔子的时代，教育掌握在贵族手里，培养贵族要求文武双全，因为他们不但要治理国家，一旦发生战争，还要去冲锋陷阵，保家卫国。在《左传》中记载了很多先秦贵族的事迹，他们真是"文能安邦，武能定国"。

 一起读论语

中国历史上"文"和"武"真正分家,是战国之后的事情。那么,春秋时期的贵族学什么呢?

他们学习"六艺":礼、乐、射、御、书、数。

"礼"是各种各样的礼仪。如何朝见国君,如何对待下属,如何接待客人;结婚有昏礼,去世有葬礼,对祖先有祭礼,连射箭都有专门的射礼。所谓"仪礼三千",春秋时候的人活在一个庞大的礼仪系统中,违背了礼,简直寸步难行。

《左传》中有这样一个小故事。齐国大臣庆封出使鲁国,车马非常漂亮。鲁国有位大臣羡慕地说:"你看人家,开了辆豪车!"另一位大臣嘴一撇:"喊,豪车有什么了不起,他不懂礼,将来没有好下场!"到了欢迎庆封的宴会上,他牛哄哄的,什么礼仪都不知道,鲁国大臣不高兴了,于是站起身来,朗诵了一首诗。

什么诗?《诗经》中的《相鼠》:"相鼠有体,人而无礼。人而无礼,胡不遄(chuán)死?"翻译过来就是:你看人家大耗子,身上皮毛亮光光。你是一个君子人,怎把礼仪忘光光?你把礼仪忘光光,何不早点儿死光光!

这简直是当面骂人!礼仪是外在的修饰,老鼠的外表还有光亮的皮毛,庆封不懂仪礼,岂不是连老鼠都不如?庆封听了呢:"好!我喜欢!"——压根就没听懂!

"乐"是音乐。古代的音乐主要有两种功能。其一,乐与礼相配。不同的礼仪、不同的身份,所奏的音乐不同,因此古人经常把"礼乐"并称,学习礼仪,一定要了解音乐。其二,陶冶性情。孔子自己就是个音乐发烧友,他在齐国听《韶(sháo)》乐,入迷到三个月尝不出肉味的程度。

"射"是射箭。古代有射礼,实际上是通过礼仪的方式来训练

军事人才。春秋时期出过不少神箭手,最出名的就是楚国的养由基。《战国策》说他"去柳叶百步而射之,百发百中",他给柳树的一片叶子画上点,走出百步之外,翻身就射,一箭射落那片有标志的叶子——"百步穿杨""百发百中"两个成语都是从他身上来的。养由基不但射得准,而且射得狠,《左传》中记载了他的故事。

楚国和晋国发生战争,养由基把七重铠甲堆在一块儿,一箭射穿,然后去找楚王吹牛:"大王,有我这样的臣子,你怕什么?"不料楚王最不喜欢吹牛的人:"你小子不是吹吗,寡人偏不给你显摆的机会,明天这仗你就歇着吧,一箭都不让你射!"

两军交战,楚国没了神箭手,真是自毁长城。晋国大将乘机一箭,把楚王的眼睛射瞎了一只。楚王剧痛之下,连忙把养由基喊来:"爱卿啊,啥也别说了,我都这样了……给你两支箭,替我报仇!"养由基也不说话,慨然上阵,一箭就把晋国大将射落车下,拿着另一支箭向楚王复命。你想,这样神乎其神的箭法,要经过多长时间的勤学苦练啊。

"御"是驾马的技术。春秋时期是车战,四匹马拉一辆战车,中间的两匹叫"服马",拉车前进;两边的两匹叫"骖(cān)马",控制左右方向。一个人管四匹马,需要相当高的技巧。古人驾车,神乎其技,《诗经》中说郑国的一位公子驾起车来"执辔(pèi)如组,两骖如舞",操着缰绳,犹如拿着丝线一样轻松自如,两匹骖马步调轻快,仿佛跳舞一样。这种高超的骑术,并不比今天的"盛装舞步"差。

"书"是写字,"数"是计算,相当于今天的语文课、数学课,这是古代教育的基础内容。除此之外,古人一般还要学习"诗"和"书"。"诗"是《诗经》,先秦时期的古人学习《诗经》,不是欣赏文学,而是要把它当作外交辞令。在当时的外交场合上,古人往往通

过赋诗的方式，婉转地表达自己的观点。要是不懂《诗经》，与哑巴、聋子没什么区别。孔子说"不学诗，无以言"，就是这个意思。庆封就是典型的例子，骂他都听不出来，估计小时候学《诗经》的时候经常走神。"书"呢，是《尚书》，记载了尧舜（yáo shùn）以来的先王之道，既是道德教育，也是历史教育。

　　礼、乐、射、御、书、数、诗、书，八门功课孔子样样精通。以射、御为例，孔子箭法超群，能射落飞鸟。《礼记》记载，有一次孔子射箭，被围了个里三层、外三层，像围墙一样水泄不通——这也是成语"观者如堵"的由来。至于"御"呢，孔子六十多岁的时候还能驾车，足见身手不凡。

　　我们不得不承认，古人的课程表比我们的课程表有趣，他们的学习是动手动脚、伸胳膊撂腿的。要是你每天上学，上午习礼奏乐，下午骑马射箭，捎带着读读历史，背背《诗经》，是不是一件挺快乐的事情呢？

知识小贴士：

古人"身通六艺"容易达到吗？

"六艺"一词出自《周礼·保氏》："养国子以道。乃教之六艺：一曰五礼，二曰六乐，三曰五射，四曰五御，五曰六书，六曰九数。"周代贵族教育要求学生掌握六种基本技能："五礼"指吉礼（祭祀）、凶礼（丧葬）、军礼（军旅）、宾礼（宾客）、嘉礼（饮食、冠婚、庆贺等）；"六乐"指《云门》《大咸》《大韶》《大夏》《大濩（hù）》《大武》六套乐舞；"五射"指白矢（shǐ）、参（cān）连、剡（yǎn）注、襄尺、井仪五种高超射法；"五御"包括鸣和鸾、逐水曲、过君表、舞交衢（qú）、逐禽左五种驾车技巧；"六书"指象形、指事、会意、形声、转注、假借六种汉字的造字或构成方法；"九数"指方田、粟米、差分、少广、商功、均输、方程、赢不足、旁要九种实用算术方法。孔子弟子三千，"身通六艺"的有七十二人。可见"六艺"样样精通不是容易的事。

（五）学而时习之

孔子热爱学习，在《论语》中，有很多对"学习"的讨论，其中最著名的一句是：

 一起读论语

学而时习之，不亦说乎？

——《论语·学而》

这是《论语》中的第一句话，我们大家都很熟悉。但有时候，越熟悉的话，我们反而会忽略其中的深层含义。比如孔子的这句话，你要是觉得老生常谈，可以试着回答一个问题——你的学习快乐吗？要说实话哦！

说起来，我们很少听到身边人发自肺腑地说："我的学习真快乐！"那你想过没有，为什么孔子的学习能乐在其中呢？

想要回答这个问题，先要从"学"和"习"这两个字说起。

先看"学"字。

这是"学"在古文字中的写法：

金文　　　　小篆

下面是一个"子"，就是正在上课的小朋友。"子"的上面是一座房子，这是古代的教室。再上面有两只手，拿着两组交叉在一起的算筹——这是古人计数的工具，看来这是一位数学老师，正在教小朋友算数。到了小篆中，"学"的写法有些变化，教室的形体变成了一个"冖"（mì）字。这个字是什么意思呢？它其实是一个罩子的象形，古代的炊具大多没有锅盖，古人便用这个罩子盖在上面，防止落灰。

食物被罩子盖上，会保证它的干净清洁；人要被罩子盖上了，则不免蒙昧不清。《说文解字》说："冖，尚蒙也。"就是一种蒙昧而糊涂的状态。至于"学"的实质，则是要把这层罩子掀开，用今天

的话来说，也就是"启蒙"——为蒙昧的心灵开启光明。

《说文解字》说："学，觉悟也。"觉悟，其实就是睡醒了，也就是所谓的"觉醒"。一个人没有觉悟的时候，懵懵懂懂，迷迷糊糊，跟睡着了没什么两样；一旦他觉悟了，把罩子一把掀开，心里面透亮了，就像睡醒了一样。"学"是"觉悟"，说明它不仅是外在的灌输，也不仅是掌握各种各样的知识，而是要通过"学"来唤醒我们每个人内心深处的智慧、道德与力量。掌握知识、学习本领都不难，难在觉悟。觉悟是找到使命，找准方向，找对意义，这是人生中最重要的事情。

再看"习"字。

"习"的繁体字写作"習"，这是它在古文中的写法：

 甲骨文    小篆

《说文解字》中说："習，数飞也。"什么意思呢？因为"習"字从羽，所以《说文解字》用鸟的行为来解释"習"。"数飞"是多次飞行，也就是小鸟学飞。你见过小鸟学飞的样子吗？一只大鸟领着一只小鸟，站在树枝上，大鸟从一根树枝飞到另一根树枝，小鸟"扑棱扑棱"跟着飞过去，大鸟飞回来，小鸟再"扑棱扑棱"跟回来，这样的动作重复多次，小鸟掌握了飞翔的本领，一下子振翅高飞！既然是反复学飞，"習"一定是实践的小鸟！

"学"是觉悟，"习"是实践，所谓"学而时习之"，就是适时地把内心的觉悟落实到外在的实践上，落实到自己的生命中。在"学习"的过程中，内心在不断觉悟，生命在不断地充实与完整，这不是一件令人喜悦的事情吗？

最后再看"不亦说乎"。

"说"是"悦"的假借字,但"悦"究竟是怎样的一种快乐呢?在语言起源的时候,"悦"和"脱""蜕"来自同一个源头,它们古音相同,意义上也有共同特点。"脱"有"解"的意思,所谓"解脱""开脱",都有解放的意思。"蜕"是动物蜕皮,也是把外面的一层硬壳"脱"下来。好比你膝盖摔破了,上面结了一层厚痂,等到快长好的时候,明知道这时揭掉它肯定有点儿疼,但心里痒痒的,总是忍不住想把它揭下来,等到最后揭下来的一瞬间,"哇!"那种"痛并快乐着"的感觉就是"蜕",也就有"悦"的味道了。

"悦"是一种"开解"的快乐。遇到一道难题,百思而不得其解,突然灵光一现,思路来了,这就是"悦"。有件事死活想不通,心里打了个结,有人一句话点醒了你,这也是"悦"。我们读过《桃花源记》,渔人"便舍船,从口入。初极狭,才通人。复行数十步,豁然开朗","悦"就是心灵世界的"豁然开朗"。"学"是觉悟,唯有找到了人生的意义、使命与价值,才能获得真正的"悦"。

"学而时习之,不亦说乎"——在"学"的过程中,内心不断觉悟,并适时地把这份觉悟转化为实践,因此获得了一种"豁然开朗"的心灵之乐。

你看,孔子学习的境界不一般吧!

"学霸"都是"学"与"习"的结合

不仅是孔子,中国古代好多"学霸"都是"学"与"习"兼备的。只有不断地"习",才能完善达至真正的"学"。战国儒家大思想家荀子说:"不闻不若闻之,闻之不若见之,见之不若知之,知之不若行之。学至于行之而止矣。"宋代大诗人陆游有诗云:"纸上得来终觉浅,绝知此事要躬行。"南宋大儒朱熹则说:"知之愈明,则行之愈笃;行之愈笃,则知之愈益明。"……由此可见,知识的"学"与实践的"习"充分结合,才是真正的"学霸"。

(六)学以求道

对于"学",孔子有一种发自肺腑的热诚,他有一句很经典的话:

朝闻道,夕死可矣。
——《论语·里仁》

早上得知大道,要我当天晚上就死去,也可以啊。这句话说得斩钉截铁,有一种决然奋发的英雄气概。从这句话中,我们能品味出两层含义:首先,"道"是孔子治学的总目标,孔子一生"发

一起读论语

愤忘食",正是为了追求大道。其次,在孔子心中,"道"比生命更为重要,能够得闻大道,就算当天就死了,也值了!

当然,这句话不能从字面去较真儿。"早上闻道,晚上就死,那道岂不是白闻了?"这种理解多少有点儿抬杠。在这句话里,关键是要感受孔子对于"道"的执着与热诚。

关于"朝闻道,夕死可矣",有一个让人感动的故事。西汉有一位大儒叫夏侯胜,他是汉宣帝时期的人。汉宣帝是汉武帝的曾孙,为了纪念汉武帝,他想在武帝的祭祀中配上"庙乐",为他歌功颂德。汉宣帝下令让群臣讨论,天子想要纪念自己的祖爷爷,谁也不敢反对,唯独夏侯胜发话了:"汉武帝北征匈奴,南平闽粤,的确打下来不少地方,但老百姓也跟着倒霉啊!多少士兵战死沙场,多少百姓流离失所。我不赞成给武帝配庙乐!"

夏侯胜慷慨陈词,宣帝闻言大怒:"把他关到监牢里面去!"当时,满朝文武都在弹劾夏侯胜,唯独不见丞相长史黄霸的奏章,宣帝"恨屋及乌",将黄霸和夏侯胜一块儿打入大牢。下狱不久,黄霸对夏侯胜说:"夏侯先生,我想拜您为师,学习儒道。"夏侯胜不禁苦笑:"黄君,你我得罪了天子,这颗脑袋朝不保夕,你学它干什么?"不料黄霸斩钉截铁地说了七个字:"朝闻道,夕死可矣!"夏侯胜当时老泪纵横,两个人在阴暗的囚牢中,打开书卷,讲学论道,一讲就是好多年……

古人志学求道的境界令人神往。什么是"朝闻道,夕死可矣"?说白了,为了真理,敢于豁出性命!

034

> **知识小贴士：**
>
> **庙乐是什么？什么人才配享庙乐？**
>
> "庙乐"指宗庙音乐，多用于祭祀和颂德。《礼记·曲礼》说："夫圣王之制祭祀也：法施于民则祀之，以死勤事则祀之，以劳定国则祀之，能御大菑（zāi）则祀之，能捍大患则祀之。"圣王制定祭祀的原则：凡是被百姓树立为榜样的就祭祀，凡是因公殉职的就祭祀，凡是为安邦定国建有功劳的就祭祀，凡是能为大众防止灾害的就祭祀，凡是能救民于水火的就祭祀。比如帝喾（kù）、尧、舜、禹（yǔ）、黄帝、颛顼（zhuān xū）、契（xiè）、汤、文王、武王等这些为民建功立业的先代帝王，就可举行崇祀，配享庙乐。

（七）什么是真正的"好学"

在孔子心中，"好学"是学习的最高境界。只有由衷的热爱，才能为学习提供源源不断的动力。他说过这样一句话："知之者不如好之者，好之者不如乐之者。"（《论语·雍也》）知道学习的道理，不如喜欢学习；喜欢学习，不如发自肺腑地热爱学习。

在《论语》中，孔子曾经多次谈到"好学"的标准，比如我们熟悉的"敏而好学，不耻下问"（《论语·公冶长》），积极努力，热

一起读论语

爱学习，向学问不如自己的人请教，也不觉得丢人。又比如"默而识之，学而不厌，诲人不倦"（《论语·述而》），自己在读书的时候，能够默默地记下所学的知识；从来不会骄傲自满，觉得自己掌握的知识已经差不多了；与此同时，在教育弟子的时候也很有耐心，从不厌倦。在他看来，学习和思考是一个整体，既要刻苦读书，也要用心反思。"学而不思则罔，思而不学则殆"（《论语·为政》），只学习，不思考，就会迷惑而没有收获；只思考，不学习，不仅没有收获，更有些危险了。一个好学的人，一定是谦虚的，"知之为知之，不知为不知，是知也"（《论语·为政》），能够承认自己的不知，认识自己在学习上的不足，才是真正的智慧。

除此之外，孔子还说过一句很有意思的话：

> 学如不及，犹恐失之。
> ——《论语·泰伯》

"及"是"赶上"的意思，所谓"及时"，就是时间上来得及。《水浒传》中宋江绰号"及时雨"，意思是他总能在危难关头帮上忙。我们经常说"及格"，"格"是标准的意思，"及格"就是刚刚赶上成绩的标准。在古文字中，"及"写成这样：

金文

左上方是一个侧面的人形，右下方是一只手，把前面的人牢牢地抓住，就像警察抓小偷一样。因此，《说文解字》中说："及，逮也。"逮是捉、捕，也就是得到、赶上的意思。"学如不及，犹恐失之"，指的是学习的时候像追赶什么东西一样，总撵（niǎn）不上，唯恐它丢掉了，有一种热切渴盼的感觉。

"学"是一种"觉悟"，是找到使命，找准方向，找对意义。这种生命的觉悟是有力量的，当一个人真正找到了自己的使命，找到了自己无限热爱的那个东西，自然会有一种精神力量在后面推着他，让他"欲罢不能"。

关于"好学"的标准，孔子还说过这样一句话：

> 君子食无求饱，居无求安，敏于事而慎于言，就有道而正焉，可谓好学也已。
>
> ——《论语·学而》

这句话的意思是，一位道德君子，吃饭不要追求吃饱，居住不要追求安逸，勤劳敏捷，说话谨慎，不断地向有道之人请教，匡正自己的言行举止，可以说是好学了。咦，什么叫"吃饭不要追求吃饱"？难道孔子主张挨饿吗？其实，"食无求饱""居无求安"的关键在一个"求"字，在这里，"求"指的是一种刻意的追求。在孔子看来，如果一个人整天想着吃香喝辣，住大别墅，仅仅为了自己的私欲活着，难免一辈子庸庸碌碌，不会有太大的成就。

这种行径，古人专门有个词叫"求田问舍"。在《三国志》中，有这样一个故事。

三国时有位大名士叫陈登。曾经有个叫许汜（sì）的读书人去拜访他，陈登半天没搭理他，自己往高头大椅上一坐，指着地上一个小马扎："许君，你坐这儿吧。"多年之后，许汜和刘表、刘备一起聊天，说到此事还在愤愤不平："陈登这个人太粗鲁，不像个读书人！"刘备也不客气："如今天下大乱，你许汜号称国士，不但毫无建树，还求田问舍，庸庸碌碌。陈登让你坐马扎是客气的，倘若是我刘备的话，我自己坐在百尺高楼之上，让你蹲在地上！"刘表听了这话大笑不止，不知许汜当时怎么下的台。

在"食无求饱""居无求安"的态度中，我们能够感受到君子的豪迈志气！"君子忧道不忧贫"，真正的君子，不满足于那种"人为财死，鸟为食亡"的碌碌人生，而是想要追求理想，实现远大的志向。

在树立志向的基础上，还要"敏于事而慎于言"。"敏"是高效率，"事"是每个人的本职本业，"敏于事"指君子要高效率地做好本职工作，这是"好学"的基础。"慎于言"有两层含义：第一，做人要管住自己的嘴，不要胡言乱语；第二，做人要说到做到，一诺千金。孔子说："古者言之不出，耻躬之不逮也。"（《论语·里仁》）古人说话少，就是怕说出来之后做不到，在他们看来，无法实现自己的诺言，是一件很耻辱的事情。

当然，"慎于言"不是唯唯诺诺。仔细品味孔子讲话的前后次序，他是先强调君子的豪迈志气，然后再讲"慎于言"的——君子修身当以志气为本，但志气扩充起来，一不小心就成了吹牛皮，所以他接下来补充说：立志的同时，也别忘了做事与慎言啊！

做到了"敏于事而慎于言"，更要往大道上靠拢，"就有道而正焉"。"就"是接近，"有道"指有道德的人。求名师，访高友，君子求道是个不断向良师益友请教的过程。只有这样，才能达到"正"的境界，朝着正确方向大步前行，不断端正自己的身心举止。

总之，孔子眼中的"好学"，不仅是一种痴迷，一种热爱，更是一整套扎扎实实的功夫与实践。"学"是一个"修身"的过程，在一点一滴的修养与实践中，不知不觉地走在了君子的大道上。

> **知识小贴士：**
>
> ### 《论语》中好学的标准还有哪些？
>
> 在《论语》中，子夏也曾谈过"好学"的标准："日知其所亡，月无忘其所能，可谓好学也已矣。"子夏是孔子晚年重要的弟子，《周易》《诗经》《春秋》《周礼》等儒家经典就是由他传承下来的，史称"子夏传经"。因为他学问博大，魏文侯还曾拜他为师——"为王者师"。上句中，"亡"是"无"的假借字，"日"和"月"是每天、每月的意思。"好学"的标准很简单：每天能掌握一些新知识，点点滴滴地积累；每个月能按时温习已有的学问，扎扎实实地巩固。清代大儒顾炎武把自己的日常读书笔记汇集起来，取名叫作《日知录》，正是化用了这个意思。

（八）由学到教

在艰难的生活中，小孔子刻苦求学，深思好问，一天天地长大了。别忘了，他可是叔梁纥的儿子，身上有"鲁国第一猛男"的基因。根据《史记》记载，孔子身高九尺六寸。古人号称"七尺男儿"，孔子的身高居然有九尺之多，别人都要仰视他。在春秋时期，一尺是二十厘米左右，这样算起来，孔子居然超过一米九高，形容修伟，堪称一个典型的"高帅穷"了。当时有人就把他称为"长

一起读论语

人"——这个大高个子啊!

身材高大,学问又好,孔子的名气越来越响亮,已经成为了鲁国最优秀的年轻人。何以见得?《孔子家语》中记载了这样一个小故事。相传孔子在十九岁时,迎娶了夫人亓(qí)官氏。这是一个十分美丽的姑娘,夫妻之间十分和睦。一年之后,他们就有了一个可爱的儿子,这个消息传到了国君鲁昭公的耳朵里。

昭公正在钓鱼,有人跑过来跟他说:"国君,您听说了吗,咱们鲁国的那个长人,生了个儿子!"

"长人?哦,是不是那年在太庙里问来问去的孩子?"

"对对,就是那个孔丘!"

"嗯,我总听人说到他。这个年轻人很不错,没想到他都结婚生子了……"

话音刚落,鲁昭公手中钓竿一颤,鱼漂下沉,他用力甩起鱼竿,哗啦啦,一条大鲤鱼应声而起。在古人眼中,鲤鱼是吉祥如意的象征,鲁昭公心中高兴:"来人,把这条鲤鱼送给孔丘,算是寡人给他的生子贺礼!"

于是,当孔子一家沉浸在生子的喜悦之中,正在忙忙碌碌的时候,收到了来自国君的"意外大礼"!孔子很高兴,看着襁褓中的小婴儿,他开心地说道:"这件事值得纪念!儿子,干脆你就叫孔鲤吧,字伯鱼!"

孔子生了儿子,就收到了国君的礼物,他在鲁国的知名度可想而知。随着学问的一天天见长,孔子也开始招收学生了。想到贫寒子弟求学的辛苦,想到自己艰辛问学的往事,将心比心,推己及人,孔子暗下决心,再也不让平民子弟读不上书了。于是,他说了一句掷地有声的话:

> 有教无类。
> ——《论语·卫灵公》

"类"是类别、等级的意思,在这里指一个人的出身。这句话有两层含义:第一层意思是,孔子只追求教育理想,而不考虑学生的出身,不管是出身平民,还是贵族子弟,只要诚恳地来求学问道,都会无私地教导他;第二层意思是,因为有了教育,才能"无类",突破出身与阶层的界限,让这个社会越来越开放平等。

"有教无类"是孔子平民教育的宣言,他要通过自己的不懈努力,将贵族牢牢把控的知识、文化洒向民间。这是中国历史上一件开天辟地的事情!孔子是中国历史上最伟大的教育家,正因为此。"君不见,黄河之水天上来,奔流到海不复回",一旦文化走向民间,必将掀起一浪又一浪的历史洪流。

孔子的平民教育,不仅是伟大高远的教育理想,更是实实在在的教育实践。对于各地前来求学的年轻士子们,他实行了一种近乎"免费"的教育。

真的假的?孔子近乎不收学费?在《论语》中,孔子明确介绍了自己的"收费标准":

> 自行束脩(xiū)以上,吾未尝无诲焉。
> ——《论语·述而》

孔子说,只要给我送一份"束脩",我没有不去教诲他的。什

一起读论语

么是"束脩"呢?"脩"是干肉,也就是我们今天吃的腊肉;"束"是捆起来的意思。十根腊肉为一束,孔子的学费原来是十根腊肉。

孔子有"弟子三千",家里囤了足足三万根腊肉,可能并不夸张。问题在于,这些腊肉究竟有多大?这还真得说清楚,这涉及孔子平民教育的清白问题。

孔子的"束脩"到底有多长?弟子们是扛着去的,捧着去的,还是拎着去的?想要回答这个问题,需要从古人加工肉类的方法说起。

古代没有冰箱,肉类难以长期保存,这就需要制作肉干。他们把牛、羊、猪的肉剖开,在太阳下晒干,再把干肉切成一片一片的,叫作"脯(fǔ)"。在"脯"的基础上进一步加工,将肉片切成肉条,用调料水浸泡,再通过敲打来入味,就成了"脩"。

古书中没有记载"脩"的长度,但记载了"脯"的长度,"脩"由"脯"加工而来,它不会比"脯"更长。《仪礼》中说"荐脯五樴(zhì)",即送上五根一尺二寸的脯,"樴"是"脯"的长度单位。此处古尺的长度和今天不同,按照考古文物推算,"脯"最长不过是二十七厘米。这就是"脩"的大小长短。

内蒙古有一种风干牛肉,一袋子十五六根,长度在二三十厘米之间,一百块钱左右一袋,"脩"就是这种东西。你说孔子的学费低不低?可以说,孔子的平民教育是一种"义务教育"。而且我们不要忘了,孔子是什么师资水平啊!

在春秋时期,孔子的"有教无类"简直就是个神话!

知识小贴士：

古代也有"小学"和"大学"

古代也有"小学"和"大学"，但它们的内涵和今天不同。"小学"分布在各个乡里，主要教授识字、算术等基础知识和技能。"大学"又称"太学"，是官方设立的最高学府，教授以儒家经典为主的"六艺"。大学在不同历史时期有着不同的名字，周代天子所设的大学叫作"辟雍"，诸侯所设的叫作"泮（pàn）宫"；两汉时期国家的最高学府叫作"太学"；唐代以后叫作"国子监"。在孔子的时代，无论是"小学"还是"大学"，都是为贵族服务的。而孔子不分身份阶层招收学生，为平民的孩子开启了上学的道路，这是多么非凡的创举！

（九）招生啦，招生啦！

孔子开启平民教育，有教无类，广泛招收弟子。在他年轻的时候，就已经遇到了一些相伴终生、风雨同行的学生们。他们是谁呢？

在孔子的学生中，最有钱的叫子贡。他很有经济头脑，只要他投资的生意，一般都能大赚一笔。在春秋时期，他可以称得上全国首富了，而且他的口才也很好，后来成为了名扬诸侯的外交家。

一起读论语

在孔子的学生中,最有个性的叫子路。他比孔子小九岁,是孔子弟子中岁数最大的一位。子路是一个豪爽直率的人,想到什么就说什么,而且武艺高强,身手矫健。初见孔子的时候,还吓了孔子一大跳。这是怎么回事呢?

在《孔子家语》中有这样一段记载:

话说孔子开始教书育人,招收弟子,忽然有一天,来了一个打扮得奇奇怪怪的人。这个人身材高大,十分健壮,装扮实在与众不同——身上裹着厚厚的野猪皮,头上还插着几根野鸡毛,太狂野了!

"夫子你好,我叫子路!你看,我身上的野猪皮,我亲手打到的;我头上的野鸡毛,我一箭射来的!怎么样,很厉害吧!"

见到这样"豪放"的学生,孔子也是一脸无奈:"子路啊,先不说这些,你有什么爱好吗?"

子路"唰"的一声,拔出腰间的宝剑:"我喜欢长剑!"

孔子"扑哧"一声,乐了:"我问的不是这个,我说的是学问啊!"

"嗯?学问顶什么用?"

"学问当然是有用的。给你举个例子,驾车要有马鞭,做弓箭要有工具,锯木头也离不开测量直线的绳墨。人能够听从别人的劝谏,才能心智通达,不断进步。一个君子,怎么能够离开学问呢?"孔子娓娓道来,仔细地给他讲道理。

子路反驳说:"不对!你看南山上的竹子,生来就是直挺挺的,做成箭就能射穿犀牛皮。一个人天生的资质好,就用不着读书学问!"

"哈哈哈,"孔子爽朗地笑道,"那你再想想看,如果给南山的竹箭安上铁做的箭头,再配上箭羽,它不就能射得更远、更深吗?

这就是学问的作用啊。"孔子以箭为喻,指出先天的本性再好,也需要后天的不断学习,才能有更好的发展。

这个比喻说服了子路:"您说得对,我愿意跟您一起学习!"

就这样,孔子在三十多岁的时候,有了自己的第一批学生。他们和孔子一起读书学道,生死与共。请记住这些名字,孔子早年招收的子路、子贡、有若、冉有,中年招收的颜回、宰予,以及晚年招收的曾子、子游、子夏等小弟子。在后面的故事中,他们还会不断出现在孔子身旁。

一起读论语

知识小贴士：

古人拜师要献"野菜"

古人很重视礼仪，学生拜师的时候有所谓"释菜"的礼节。"释"就是放置，"菜"指苹蘩蕴藻等可以用来祭祀的蔬菜，用来表示尊师重道之意。"颜回释菜"是历史上一个非常有名的典故。孔子和弟子们曾被围困在陈国、蔡国之间，面临断粮的困境。众人万分焦虑时，孔子仍面不改色地在屋里弹琴，颜回则在门口"释菜"，表达自己即便吃不饱饭，也要求学于老师的诚敬之心。这种尊师向学的精神，值得每一个后来人学习。

二、孔子的从政生涯

"学而优则仕",当孔子学有所成之时,他希望出仕做官,把自己的父母之邦——鲁国,改造为一个富强而守礼的国家。孔子在鲁国做了什么官?他的治国理想实现了吗?在治理鲁国时,发生了怎样精彩纷呈的故事?

(一)孔子见老子

孔子刻苦求学,开设私学,他在鲁国的名声越来越响亮了。在读书育人的同时,孔子还有一个非常重要的人生理想,那就是参与朝政,治理国家,让自己的祖国强大起来。《论语》中说:

> 学而优则仕。
> ——《论语·子张》

学有所成,出仕为政,报效国家,这是中国古代读书人的共同理想。在孔子正式开始尝试做官之前,他先去了周天子的都城洛

邑（yì），见到了一位智慧的老人。

这个人，就是道家的创始人——老子！在春秋时期，诸子思想百家争鸣，其中儒家和道家对后世的影响最为深远。孔子是儒家的创始人，老子就是道家的创始人。老子著有《道德经》一书，这是道家智慧的重要来源。在他看来，万事万物都源自"道"，"道生一，一生二，二生三，三生万物"。道家主张无为而治，反对战争和暴力，追求一种纯朴、淡泊、清静的人生境界。

在当时，孔子的弟子中有两位贵族子弟，他们是鲁国大夫孟僖子的儿子，一直在撺掇孔子："老师，带我们去游学吧！让我爹给出路费！"

孔子笑了："可以啊。我们去京城洛邑吧，周天子的所在，那里有全国最丰富的藏书！"其实，让孔子心心念念的，不只是京城的藏书，还有掌管藏书的大思想家老子。老子当时是周天子的"柱下史"，也就是国家图书馆馆长。他饱读诗书，熟悉历史，在历史的反思中收获了深刻的智慧。在孔子心目中，洛邑有天子，有礼乐，有丰富的藏书，还有伟大的思想家，真是一个让人憧憬的地方！

到了洛邑，孔子带着礼物拜见老子。这场聚会非同小可，是中国历史上最重要的两个思想流派——儒家和道家的第一次交流碰撞！

　　孔子向老子请教了关于礼仪的问题，也表达了自己对治理国家、改造社会的看法。春秋末年，天下已经开始"礼崩乐坏"了，传统的礼乐制度被人们质疑、批评，周天子的威权摇摇欲坠，诸侯之间各有野心，经常发动残酷的战争，让老百姓流离失所。在各国内部，也经常出现篡（cuàn）权夺位的事情。可以说，那是一个黑暗而混乱的时代，孔子的理想则是"澄清天下"，重新建立和谐与文明的社会秩序。

　　通过深入的交流，老子渐渐明了这个年轻人胸中的大志，但也隐隐有些担心，在一个混乱的时代里，孔子想要积极地改造社会，会不会四处碰壁呢？会不会遇到危险，遭遇阴谋诡计呢？到了临别之际，两个人都有些依依不舍。老子说："孔丘啊，我没有什么礼物

一起读论语

送给你，就送你几句话吧。"

"我愿洗耳恭听！"孔子说。

"你聪明能干，但却经常议论别人，这样的人，恐怕难免于早死。你口才很好，善于辩论，却经常批评别人的罪恶，这样的行为，最后会害了自己啊。要知道，真正有德行的人，一定是朴实的，去掉自己的骄傲、架子和妄想，对你是有好处的！"

这番话说得不轻，弟子们在旁边听到，一个个面面相觑，不知道说些什么。他们小声嘀咕着："看不出来，老子说话这么毒舌！""是啊，这也太直接了吧。"

弟子们心中不解，孔子却明白老子的用意，世事险恶，老子这是爱护我啊："谢谢您，孔丘受教了！"

回到鲁国之后，孔子也时常盛赞老子：

鸟，吾知其能飞；鱼，吾知其能游；兽，吾知其能走。走者可以为罔，游者可以为纶，飞者可以为矰（zēng）。至于龙，吾不能知其乘风云而上天。吾今日见老子，其犹龙邪！

——《史记·老子韩非列传》

"鸟，我知道它会飞翔；鱼，我知道它会游水；兽，我知道它会奔跑。但是，走兽难免罗网之灾，游鱼难免钓钩之祸，飞鸟更会被人射下来。只有飞龙，乘风御云，翱翔上天，神妙莫测。我见到了老子，觉得他就像龙一样，不可捉摸，令人神往！"

老子，龙一样的男人！这个评价太精彩了，读完了《论语》，你想不想再去读一读《老子》呢？

知识小贴士：

老子和《道德经》

老子本名李耳，字聃（dān），是春秋末期楚国人，道家学派的创始人。《史记》记载，老子做过周王朝的守藏史，后来见周朝衰败，弃官西行。走到函谷关的时候，守关的官员喜强留老子著书，于是老子便写下了闻名千古的《道德经》。《道德经》是道家思想的来源。哲学上，主张"道"是宇宙世界的本源，认为阴阳的对立和统一则是万物运动的本质规律。政治上，主张无为而治，反对战争和暴力。人伦上，主张纯朴、淡泊、清静自然的德性。除老子外，道家学派的代表人物还有庄子、文子、列子等。

（二）一场斗鸡引发的政变

孔子见完老子，回到鲁国，这位胸怀大志、意气风发的年轻人，准备大有作为。没想到，正在孔子尝试出仕为官之时，鲁国政坛发生了一场"大地震"！这场政治动荡的起因，却是一件近乎儿戏的小事。

春秋时期的鲁国贵族"业余爱好"已相当丰富——喝酒、赌博、养狗、斗鸡。有一天，鲁国大夫季平子和郈（hòu）昭伯在一起斗鸡，他们为了获胜赢钱，都准备了"秘密武器"。

一起读论语

　　季平子采用了"化学战",在鸡翅膀上涂了厚厚的一层芥末,准备熏晕"敌鸡";郈昭伯也不甘示弱,给自己的斗鸡戴上了金属指甲,准备抓死"敌鸡"。好家伙,芥末鸡大战金爪鸡,真够热闹的!

　　两鸡相对,芥末鸡还没发挥"化学战"的优势,就被金爪鸡抓得遍体鳞伤,大败而逃。金爪鸡得意扬扬,小样儿,还想熏我,看我挠死你!

　　郈昭伯取得了斗鸡的胜利,却得罪了季平子。季平子抱着心爱

的芥末鸡，勃然大怒："你敢出贱招，看我怎么收拾你！"

要知道，季平子可是鲁国非同小可的人物，他是鲁国的"三桓"之首！所谓"三桓"，指的是鲁国三家最强大的贵族势力——孟孙氏、叔孙氏和季孙氏。这三个大家族都是鲁桓公的后代，所以称作"三桓"。在鲁昭公的时候，"三桓"的势力非常强大，可谓大权独揽，垄断了鲁国内政、军事、外交方方面面的权力。其中，尤以季孙氏的实力最强，季平子就是季孙氏的掌门人，鲁国的执政大夫、一把手！他养的芥末鸡，怎么能轻易受到伤害呢！

季平子很生气，后果很严重，他发誓要向郈昭伯报仇，为鸡出气。于是，他贬斥了郈昭伯在朝廷中的位置，抢夺了郈昭伯的封地。郈昭伯这叫一个冤啊！至于嘛，为了一只鸡，这样对待我！在当时，季平子权倾朝野，鲁昭公也时常要看他的眼色行事，早就怀恨在心。

于是，郈昭伯找到了鲁昭公："国君，我太冤枉了！因为一只鸡，他就迫害我！如此专横跋扈，将来肯定会篡夺君位，不如先下手为强！"

"说得对！寡人早就看他不顺眼了，除掉他！"鲁昭公闻言同意。

于是，鲁昭公和郈昭伯联起手来，讨伐季平子。一开始，季平子很慌张，毕竟是来自国君的讨伐，他想低头服软，没想到鲁昭公不依不饶，一定要斩草除根。没办法了，困兽犹斗，狗急跳墙，何况是鲁国的权臣呢。季平子联合了"三桓"的势力，攻打鲁昭公的军队。

一战之下，鲁昭公战败了，无奈之下，他逃亡到了齐国，再也没有回到鲁国。在逃亡的路上，鲁昭公难免有些后悔："唉，寡人干吗要为一只鸡出头呢……"

这就是鲁国发生的内乱，由一场斗鸡引发的政变，实在滑稽！看起来，是一件偶然的事件影响了鲁国政局，实际上，以小见大，

一起读论语

见微知著，这件事反映出鲁国政治的致命伤，那就是以"三桓"为代表的贵族势力过于强大，已经严重影响到国君的权力和统治了。用古人的话来说，这是"僭（jiàn）越"——臣子超出了自己的本分，掌握了不该拥有的权力。孔子的政治理想，就是要重新建立君臣之间的礼制与规矩，不让僭越的事情再度发生。

当然，"斗鸡事件"后的孔子，并没有获得整顿朝纲的机会。国君流亡，孔子报国无门。

知识小贴士：

春秋时期那些离谱的政治事件

一场斗鸡就能引发一场政变，不可谓不离谱。实际上，在春秋时期，这样离谱的事件居然还不少。《左传》记载，楚国送给郑国一只鼋（yuán），外形似大鳖。郑国的大夫子公看得直眼红，食指动了动，对另一个大夫子家说："往日我手指动一动，一定会尝到好东西。"后来郑国国君郑灵公果然用这只鼋招待他们，于是二人相视而笑。郑灵公很好奇，问他们为什么笑，子家就把子公那天食指动的事情告诉了郑灵公。郑灵公听了，想给子公开个玩笑，在办宴会的时候，故意不把鼋分给子公吃。结果子公非常恼怒，把食指浸到盛着鼋汤的大鼎里，气冲冲地离开了。郑灵公折了面子，大为光火，想要收拾一下子公，没想到子公先下手为强，联合子家杀掉了郑灵公。一只大鼋，一场玩笑，就丢了一个国君的性命，这可真是离谱至极了！

（三）大个子与小个子

春秋时期，一个读书人在自己的国家里无法施展抱负，往往会去投奔别的国家，看看有没有展露才华的机会，这种现象称为"游仕"。鲁桓公被"三桓"打败之后，心灰意冷的孔子也离开鲁国，转而去齐国寻求明君的赏识。

当时的齐国国君是齐景公，是一位白发苍苍的老君主。看着年轻高大的孔子，齐景公颤颤巍巍地说："孔丘先生，在你看来，应当怎样治理一个国家呢？"孔子的回答简短有力：

> 君君，臣臣，父父，子子。
> ——《论语·颜渊》

这句话是什么意思呢？孔子是在玩叠音词吗？这是一个球球，那是一个拍拍，拿着一支笔笔，来做几道题题……当然不是，这是古代汉语中比较特殊的一种句式。第一个"君"是名词，表示"国君"；第二个"君"是动词，表示要像个国君的样子。国君要像国君的样子，臣子要像臣子的样子，父亲要像父亲的样子，儿子要像儿子的样子。在孔子看来，无论国君、臣子、父亲、儿子，都有自己的标准。所谓"君使臣以礼，臣事君以忠"（《论语·八佾》），国君任用大臣，要依照礼法，给他充分的尊重；大臣侍奉国君，要忠心耿耿，不能僭越篡位，心怀鬼胎。父亲和儿子的关系一样，要做到父慈子孝。

别忘了，孔子刚刚见过了鲁国的"斗鸡事件"，这句话是有感

一起读论语

而发。在鲁昭公和季平子那里，真可谓"君不君，臣不臣"了。国君胡闹任性，为了斗鸡的事情轻易讨伐大臣；大臣犯上作乱，直接把国君赶到了别的国家，都太不像话了！也许齐景公也想到了鲁国发生的事情，这个回答让他非常满意：

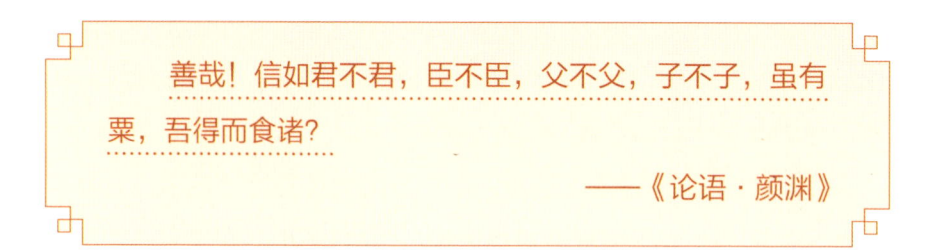

> 善哉！信如君不君，臣不臣，父不父，子不子，虽有粟，吾得而食诸？
> ——《论语·颜渊》

说得好！假如国君不像国君，臣子不像臣子，父亲不像父亲，儿子不像儿子，我就是有再多的米，还吃得成饭吗？早就像鲁昭公那样，被赶出国外了。

齐景公想要重用孔子，但齐国的事情，必须找一个人拿主意，才能最终拍板。这个人就是齐国的名臣——晏（yàn）子。晏子名叫晏婴，他是齐国的大政治家，忠心耿耿，足智多谋，能言善辩，但身材短小，是个矮个子。相传他身高不足六尺，和孔子九尺六寸的身高相比，差了三分之一强。

晏子曾经出使楚国，楚国大臣想给他一个下马威，欺负他身材矮小，便在城墙旁边开了一个低矮的小门。晏子到了，楚国大臣一脸坏笑："我们的城门是量身定做的，个子高的人走大门，个子小的人走小门。您这不到六尺的身高，小门里请吧！"

晏子轻蔑地看了楚国大臣一眼："这不是城门，而是个狗洞。我出使狗国，自然要走狗门。问题是，你们这是楚国呢，还是狗国呢？"

楚国大臣哑口无言，但一计不成，又生一计。在晏子和楚王的宴会上，堂下押来了一个犯人："报告大王，我们抓到一个齐国的小偷！"楚王哈哈大笑："你们齐国人很擅长偷东西嘛！"

面对咄咄逼人的楚王，晏子微微一笑，说道："您吃过橘子吧，同样的品种，种在淮南就是美味的橘子，种在淮北就是酸涩的枳（zhǐ）果，这是为什么呢？环境不好啊！一个善良的齐国人，到了楚国就成了小偷，这是齐国的问题呢，还是楚国的问题呢？"楚王被说了个大红脸——我跟晏子乱开玩笑，真是自取其辱啊……

面对强势的楚人，晏子不卑不亢，辩才无碍，捍卫了齐国的尊严。这是他机敏的一面，他更有坚刚不屈的一面。

齐国的权臣崔杼（zhù）曾经弑（shì）君作乱，满朝文武大臣，没有一个敢去凭吊国君，唯独晏子只身前往，抱着国君的尸体痛哭一场。有人给崔杼煽阴风："杀了这个不识相的矮子！"崔杼摇摇头："民之望也，舍之，得民！"我们不杀他，好歹还能得点儿民心啊。

后来，崔杼逼着群臣在太庙盟誓，说："不跟我崔杼一条心的，老天爷惩罚他！"晏子听了，仰天长叹："我只跟忠于国君、忠于社稷（jì）的人一条心，不然的话，老天爷惩罚我！"崔杼心中不快，却也拿他没办法。

晏子虽然身材矮小，但他不畏强侮、坚守道义，实在是个顶天立地的大丈夫，可谓齐国的第一贤臣。想不到的是，就是这样一位贤大夫，对孔子的态度却并不友好。听说齐景公想要重用孔子，他

057

一起读论语

坚决反对："孔子这些儒家，不能重用！他们的观点变来变去，没有一定之规；做人又很傲慢，不好管理！他们主张厚葬，恢复周礼，提倡那些烦琐的礼仪，太不实用了！"

一言以蔽之，在晏子看来，儒家不靠谱！齐景公非常信任晏子，放弃了重用孔子的念头。他找来孔子，对他说："吾老矣，不能用也。"（《论语·微子》）我老了，没有精力任用你来改革了。孔子听了这话，有些无奈，黯然地离开了齐国的朝廷。

孔子遭遇了晏子的激烈批评，在齐国建功立业的愿望被无情地泼上了一桶凉水。弟子们听说了，纷纷为他鸣不平：

"晏子没有夫子有才华，他嫉妒！"

"晏子比夫子矮很多，他吃醋！"

弟子们纷纷"开黑"，孔子却认真地说道："不能这么说，晏子是个了不起的人物啊！"

"夫子，晏子有什么长处呢？"弟子们好奇地问道。

孔子说："晏平仲善与人交，久而敬之。"（《论语·公冶长》）晏子善于和人交朋友，能做到"久而敬之"。关于这句话，东汉大儒郑玄解释说"不慢旧"。不轻慢那些老朋友，交情越久，越能尊敬他。在我们的生活中，越熟悉的朋友处起来越随便，这也是人之常情，但随便惯了，就容易过分，把朋友之间的义务和底线都忘了，在不经意中给他们带来伤害。晏子则能避免这点，越是老朋友，越要在心里保存一份敬意、一份体贴。想要交到"一生一世一起走"的好朋友，那就要向晏子学习了。

我们看到，在误解与逆境中，孔子仍然能够襟怀坦荡，光风霁（jì）月。尽管晏子不喜欢他，但他还是在晏子身上看到优点，找到可供自己学习的好品质。这才是真正的君子作为！

知识小贴士：

春秋战国时期的"客卿"

春秋战国时期，各国为了谋求富强、扩张领地，对人才高度重视，无论来自哪个国家，只要能够让本国强大，都会委以高官厚禄。这极大地激发了士人去他国求仕的热情。这种到别国做官的士人，通常被称为"客卿"。以秦国为例，秦国富国强兵的历史，很大程度上是由"客卿"推动的。百里奚（xī）是虞（yú）人，蹇（jiǎn）叔是宋人，商鞅（yāng）、吕不韦是卫人，张仪、范雎（jū）是魏人，李斯是楚人，都在秦国位至高官，居功甚伟。春秋战国"百家争鸣"的历史现象也与此密不可分，诸子百家来往于各国之间，宣传自己的思想主张，相互交流，彼此辩驳，造就了辉煌灿烂的文化局面，深深影响了中国历史的走向。

（四）鲁国的政坛新星

孔子从齐国回到鲁国，鲁国内乱不已，他只好专心教育，但始终没有放弃在政治上有所作为的想法。时光荏苒（rěn rǎn），三十四岁扬名在外的孔子，直到五十一岁才登上政治舞台，中间隔了整整十六年之久。

一起读论语

五十一岁的时候，孔子当上了鲁国的中都宰，相当于市长；一年后提拔为司空，也就是管建设工程的首长；再提拔为大司寇，就是国家的大法官。在这个位置上，孔子摩拳擦掌，准备大干一番事业，谁知上任不久，麻烦来了。

这是一个很精彩的故事。

齐国听说鲁国重用孔子，慌神了。要知道，齐国和鲁国是邻国，鲁国强大了，齐国不就要倒霉了吗！于是，齐国大臣黎鉏（chú）给齐景公出了个主意，在夹谷之地和鲁国会盟，趁机绑架鲁国国君。当时的鲁国国君是鲁定公，他是个老实人，一听齐国请自己开会，走吧。孔子说："不行，有文事者必有武备。"外交场合必须有军事准备，于是带兵前往。

春秋时期，两国会盟要清除场地，搭建一个有三级台阶的台子，作为诸侯会面燕饮的场所。齐景公和鲁定公走上土台，双方大臣依次站在台阶下，刚敬完酒，还没谈到正题，齐国的阴谋就上演了。只见齐国官员噌噌走上去："请——奏——四——方——之——乐！"齐景公跟着就是一嗓子："好！"呼啦啦上来一片，拿旗的，举盾的，使枪弄棒的……

鲁定公乐了："还有文艺表演啊！"孔子急了，您当这是表演，万一是刺客怎么办？只见他三步并作两步，冲上台阶，大喊一声："两国会盟，蛮夷的音乐何以在此！"齐国官员不好意思了，叫停，赶紧下去。没想到，齐国的"表演艺术家"们都没动地方，拎着枪，拄着棍，都在看齐景公的脸色呢。齐景公的脸腾一下就红了，"麾（huī）而去之"，下去下去，看我干什么，又不是我安排的……

过了一会儿，齐国官员又说："请——奏——宫——中——之——乐！"这次上来一批杂耍卖艺的，鲁定公更高兴了："这是杂

技!"孔子一看,还是刺客啊……又冲上台去,喊道:"戏弄诸侯的,罪当诛!执法官在哪里?"执法官傻了,偷瞧齐景公的脸色,齐景公正低头夹菜呢,不好意思见人啊……没办法,砍吧,稀里哗啦把刺客都杀了。

　　说起来,黎鉏实在是个狗头军师,他的计策不高明。但当时的情形确是千钧(jūn)一发,孔子反应稍微慢一点儿,鲁定公就要沦为人质。孔子是君子,但不是傻子,他反应机敏,胆略过人,正义凛(lǐn)然,彻底挫败了齐国的阴谋。说句玩笑话,齐国跟鲁国玩这套,实在不明智,上百年前,鲁国的将军曹刿(guì)就劫持过齐桓公,还看不穿你这点儿小花招?

一起读论语

夹谷会盟结束后，齐景公把黎鉏骂了个狗血淋头："你真是个狗头军师！孔丘用君子之道辅佐国君，你教我些什么？太丢人了！"齐国的阴谋不但没有得逞，还失掉了大国的礼仪，为了表示歉意，只好把当初抢走的三座城邑还给鲁国。

知识小贴士：

会盟——国家之间的约定

为了表决心或者为了让别人相信自己的保证，我们常常会发誓。古人也是如此，放到国与国之间，则称作会盟。按《礼记》记载，"约信曰誓，莅（lì）牲曰盟"，比起简单的发誓，会盟有一套复杂的礼仪规范。按盟礼，首先要凿地为方坎，在方坎上杀祭祀用的牺牲，用牲血写成盟书，随后盟主和参与会盟的人把牲血涂在嘴唇上以示诚意，照着盟书对神明盟誓，这个过程看起来真有些吓人！会盟是重要的外交场合，对于国家的利益和命运有重要影响，因此齐国和鲁国都高度重视夹谷会盟。鲁国最后能成为赢家，多亏了提前的军事准备和孔子出色的外交才能。

（五）功亏一篑的拆迁

孔子实现了外交的胜利，为鲁国挣足了面子，自然得到重用，负责管理鲁国的国政。孔子治理鲁国三年，卖猪羊的不敢漫天要价了，街道上井然有序，丢了东西也没有人捡回家，而是等着失主自己来领取。有个成语叫"路不拾遗"，就是从这儿来的。

在移风易俗、整顿治安之外，孔子还有更重要的改革措施——拆城墙！

什么？孔子又不是拆迁队长，为什么把拆城墙当作治国的头等大事？说来话长。鲁国"三桓"势大，军政外交大权都把握在他们手里。在春秋时期，强大的贵族往往有自己的封邑，这是他们财富、兵力的来源。在当时，"三桓"手中各有一座大城，季孙氏拥有费，叔孙氏拥有郈，孟孙氏拥有成。在古代，大城也叫作"都"——今天北京叫作"首都"，就是中国排名第一的大城市的意思——费、郈、成三座城邑，被人们称作"三都"。

孔子想要"君君，臣臣"，整顿鲁国的政治秩序，就要压制"三桓"的势力。因此，他一直想拆除"三都"，直捣黄龙。他向鲁定公提意见："国君，'三都'不能要！大臣不该有私人军队，大夫的城邑不能超过五里地，'三都'的大小早就超过了这个范围，应该拆除！"鲁定公当然高兴了："说得对！我早就看他们不爽了！问题是，'三桓'能同意吗？"

孔子笑了："当然可以，我有个好办法！"

什么办法呢？孔子清楚地看到，"三桓"也有自己的无奈："三都"虽然是自己的，但它们的管理权却被几个家臣牢牢把握。"三桓"掌握鲁国朝政，家臣又掌控着"三桓"的实际权力，这种情况叫作"权力下移"。鲁国政治的混乱，由此可见一斑。

"三桓"以季氏为大，当时季氏的掌门人是季桓子，他是鲁国的正卿。孔子求见季桓子："您的费城，如今把握在家臣公山不狃（niǔ）手里。他可是个坏家伙，想要把费城据为己有。不如拆除费

一起读论语

城,赶走公山不狃!"季桓子正在为此事不痛快,听闻此言,拍案说道:"就这么办!他想背叛我,占据费城,门儿都没有!"

"叔孙氏的郈城,孟孙氏的成城,也在家臣手中,要不要一并拆了?"

"拆!拆!拆!来个全国大拆迁,赶走这些家臣!"

得到了鲁定公和季桓子的支持,孔子找来了勇猛的子路:"这件事交给你去办,要好好谋划!"于是,孔子主持的浩浩荡荡的"隳(huī)三都"的政治运动开始了!先捏软柿子,拆除叔孙氏的郈城,子路率军攻打,拆除了郈城的城墙。

公山不狃一看形势不妙,干脆起兵反抗,打到了鲁国的国都。当时,鲁定公躲到了季桓子的宅子里,登上高台,敌人的弓箭甚至射到了定公身边。千钧一发之际,孔子从容不迫,命令弟子带兵绝地反击,最终打败了公山不狃,拆除了费城。

"三都"已去其二，孔子削弱"三桓"的策略眼看就要实现。但孟孙氏率先回过神来——拆除"三都"，驱逐家臣，看似对我们有好处，但仔细想来，杀敌一万，自损八千，我们好像损失也很大……

于是，成城坚决反抗，不许拆墙，季桓子也不再那么支持孔子了。虽然有点儿"功败垂成"的意思，但"三桓"的势力还是被削弱了不少。孔子暗下决心，任重道远，一定要一步步地抑制"三桓"，建立起理想的周礼秩序。

知识小贴士：

古代的邑和都是什么？

古代凡是人口聚居的地方都可叫作"邑"，"邑"有大有小，有"十室之邑"，也有"千室之邑"。在分封制下，"邑"常被国君分封和赏赐给重要的贵族大臣作为世禄，称"封邑"。为了将贵族居住的"邑"和普通人聚居的"邑"区分开，就把前者称作"都"。等级上，"都"高于"邑"；规模上，"都"大于"邑"；功能上，"都"设有宗庙，而"邑"没有。都城的规模一般较大，但也要符合礼制，否则势力过强，会有犯上作乱的危险。还记得吗？"三桓"势力强大，曾经赶跑过国君鲁昭公。试想一下费、成、郈三座大都市的情形，坚固的城墙又高又长，有军队把守，城里熙熙攘攘又秩序井然……可见子路面对的是多么难啃的"硬骨头"，孔子"隳三都"又需要多么大的魄力！

一起读论语

（六）遭遇阴谋出走

孔子把鲁国治理得蒸蒸日上，利用"三桓"和家臣的矛盾，压制了"三桓"的势力。但这些贵族也不傻，当他们回过味时，对孔子的态度也就悄然发生了变化——孔丘虽然是治国的良才，但也是我们的威胁啊。与此同时，鲁国的邻居齐国更坐不住了，听说了孔子的政绩，鲁国形势一片大好，齐景公担心极了。他招来大臣："鲁国路不拾遗，男女有别，连卖肉的都不随意抬价了。这么发展下去，必定强大。难道鲁国要称霸吗？我们怎么办？"

还是那位黎鉏说道："用计！挑拨孔丘和鲁国君臣的关系，如果不成，那就只能给鲁国割地，搞好两国关系了。"

景公一听："好，就用反间计！"

齐国派出使团，给鲁定公送了八十名美女，一百二十匹骏马，安置在鲁国南门之外。见到礼单，鲁定公非常开心："美女，我喜欢！骏马，我要骑！不过，这事儿不能让孔丘知道，否则定会劝谏我。"

季桓子赶紧凑上来："我先替您去看看，再想个办法，咱们悄悄地去。"

于是，鲁定公和季桓子整日沉醉在歌舞、跑马之中，逐渐荒疏了国事。孔子多次求见，得到的回复都是："国君在南门巡视……"

子路看不下去了："定公和季桓子都这般无礼，我们还是离开鲁国吧。"

孔子长叹一声："鲁国是我的父母之邦啊，怎能轻易离开？再等等，再等等……"

转眼间，到了年终祭祀的时候。按照古代礼制，祭祀包含了一系列仪式，其中"分胙（zuò）"是一个重要环节。"胙"是祭肉，古人认为神灵在享受祭祀之后，会把福气寄寓在祭肉里，因此国君会把祭肉分给重要的宗亲、大臣，表示对他们的尊重与敬意。孔子等来等去，却没有人给他送祭肉来……

"看起来，国君是不再需要我了，季桓子恐怕更想让我离开鲁国吧。"孔子对鲁国的君臣上下十分失望，召集弟子，收拾行装，离开了鲁国。当他走到鲁国边境的时候，季桓子派来了一名叫师己的大臣，打探孔子的口风。尽管满腔无奈，但孔子没有说什么，只是吟诵了一首诗歌：

彼妇之口，可以出走；彼妇之谒，可以死败。盖优哉游哉，维以卒岁！

——《去鲁歌》

"美人计把我赶走，政事从此没救了，我还是悠闲度日吧！"师己把这话转告给季桓子，桓子也有些伤感，尽管孔子损害了自己的利益，但他毕竟是鲁国最优秀的人才，就这样被自己无声无息地

一起读论语

气走了……

"孔丘是怪我不该留下那些齐国的女子啊,可谁让他和我们'三桓'暗中作对呢!"季桓子叹了口气,摇了摇头,再也没有去南门玩乐了。

知识小贴士:

春秋战国时期的"反间计"

"反间计"作为一项诡诈的计谋,在春秋战国时期屡试不爽,其中最有名的两次都发生在秦国和赵国之间。《史记》记载,秦国白起和赵国廉颇在长平对垒,廉颇固守不出,白起拿廉颇一点儿办法都没有,于是到赵国散布谣言说:"我们秦国人不怕廉颇,就怕赵奢的儿子赵括。"赵王闻言,用只会"纸上谈兵"的赵括换下了廉颇,直接导致赵国四十万大军在长平全军覆没。"长平之战"若干年后,赵国主将换成了李牧,多次领兵大破秦军,让秦国人闻风丧胆。为了除掉李牧,秦将王翦再次玩起了反间的手段,用重金贿赂赵国大臣郭开,让他进谗言给赵王,说李牧手握重兵,实际上是要谋反。赵王听信谗言,派赵葱和齐将颜聚去代替李牧,而李牧当然不会服从这种命令。于是,赵王偷偷派人抓了李牧,将其斩首。李牧被杀后,赵国再也没有能够抵御秦军的大将,没几年就被秦国灭了。由此可见,"反间计"是多么有破坏性啊!

三、孔子周游列国

鲁国君臣无礼，无奈之下，孔子离开了鲁国，开始了周游列国的生涯。孔子都去过哪些国家呢？他被各国的贵族们如何对待？他遭遇了怎样的艰难困苦，经历了怎样的生死一线？孔子又是如何面对这一切的呢？

（一）都是长相惹的祸：匡城遇围

鲁定公昏庸无礼，季桓子代表的"三桓"更想借机赶走孔子，维护自己的贵族势力。无奈之下，孔子只好和弟子们一起离开鲁国，看看能不能在别的国家施展抱负。这一走便是好多年，他们的足迹到过卫国、宋国、郑国、陈国、蔡国、楚国，这就是中国历史上著名的孔子"周游列国"。关于孔子的周游路线，我们先从一个叫匡的小城邑说起。

孔子由鲁国到了卫国，住了不久，准备继续南下，前往陈国。途中经过匡城，这个地方和鲁国的关系非同小可。发生过什么事？原来，鲁国的权臣阳虎曾经率军攻打匡城，伤害了不少士人百姓。

一起读论语

阳虎和孔子很像，都是身材高大的人，远远看上去十分显眼。更巧的是，当年给阳虎驾车的人叫颜刻，如今正给孔子驾车。

匡人刚刚经历了战争，老百姓本来就是惊弓之鸟，远远看见一路车队，心中开始警觉起来。车队走近了些，车上站着一个身材高大的人，嗯？难道阳虎又来了？！再仔细看，没错，驾车的人也没变，还是上次那个人！

本来就容易误会，再加上颜刻有些"嘴欠"。他看见匡城的城墙，上面有一个缺口，兴冲冲地对孔子说："您看见那个缺口没？当年我跟着阳虎，就是从这里打进去的！"匡人隐隐约约听见这句话，好家伙，阳虎来了！这次他带的人不多，把他包围起来！于是，因为孔子九尺六寸的身高，还有颜刻不经意间的一句话，孔子师生"躺枪"了，被匡人围得水泄不通。

颜刻慌了："坏了，我惹祸了……"

子路愤怒地拔出了宝剑："凭什么包围我们！看我的，杀出去！"

"别急，还是让我去问问情况，跟他们谈判一下。"子贡拉住了子路，冷静地说。

这个时候，孔子是怎么说的呢？《论语》中记载：

> 子畏于匡。曰："文王既没，文不在兹乎？天之将丧斯文也，后死者不得与于斯文也。天之未丧斯文也，匡人其如予何？"
>
> ——《论语·子罕》

"畏"有围困的意思，孔子被围困在匡地，弟子们愤愤不平，颇为焦急，他却镇定自若。"大家别紧张，匡人又能把我们怎么样

070

呢?"弟子们心中疑惑,情况这样危急,夫子这话是什么意思呢?孔子一笑,充满自信地说:"周文王是大圣人啊,文王死后,'斯文'——周代的文化与礼乐不都保存在我身上吗?上天是不会抛弃'斯文'的,又何必害怕匡人呢?"

在危难之际,孔子担心的不是个人安危,而是礼乐文化的存续。在他身上,有一种坚定的使命感,自己作为礼乐文化的传承者,秉承了"天命"——来自上天的文化使命。孔子曾经说自己"五十而知天命",这句话颇难理解。实际上,"天命"就是孔子的文化责任,就是他对于中国文化的担当啊!

拥有了这种自信与担当,在各种艰难险阻面前,孔子都能从容面对,展现出雍容大气的君子之风。

一起读论语

知识小贴士：

阳虎是谁？

阳虎是鲁国季孙氏的家臣，很有谋略，同时也有着非常强烈的野心。阳虎陪侍季孙氏时，借季孙氏之位把持鲁国朝政多年，甚至在"斗鸡之乱"中赶跑了国君鲁昭公，可谓气焰熏天。后来阳虎逃到晋国，又担任晋国重臣赵简子的家臣，使赵氏成为当时晋国最强的家族，为后来"三家分晋"埋下了伏笔。阳虎与孔子不仅长得像，还颇有一段渊源。孔子青年时期想要参加季孙氏为鲁国士子举办的宴会，结果被时任管家的阳虎拒之门外。孔子在鲁国小有名气之后，阳虎又想要拉拢孔子，送给孔子一只蒸熟的小猪。孔子对阳虎可没什么好印象，于是趁阳虎不在家的时候给他回礼，没承想在路上与阳虎碰上了，挨了阳虎好一顿说教。阳虎作为一个务实、势利的权臣，注定无法与希望重振礼乐文明的孔子走到一起。所以，尽管两人面貌十分相像，但内里却是完全不同的两个灵魂。

（二）历史名场面：孔子在卫国

孔子和弟子逃离了匡人的包围，再想南下陈国，不免障碍重重，于是便先回到了卫国，住在卫国大夫蘧（qú）伯玉家里。蘧伯玉是一个积极改过的人，也是一个充满了政治智慧的人。孔子在《论语》中称赞他说："君子哉蘧伯玉！邦有道，则仕；邦无道，则可卷而怀之。"这句话的意思是，蘧伯玉真是一位君子啊！国家政治清明时，就出来做官；国家政治黑暗时，就藏而不露地隐居起来。

孔子到卫国的时候，蘧伯玉正在"卷而怀之"，不问政事。孔子有些奇怪："卫君怎么连您也不重用了？"

"唉，没办法，国君现在只听夫人南子的话。"当时卫国的国君是卫灵公，非常宠爱这位倾国倾城的南子夫人，大臣们也都渐渐对夫人言听计从。像蘧伯玉这样正直的大臣，只好选择"靠边站"了。话音未落，南子的使者来了：

四方之君子不辱欲与寡君为兄弟者，必见寡小君。寡小君愿见。

——《史记·孔子世家》

"寡君"是国君的意思，也就是卫灵公。"寡小君"指的是国君夫人，也就是南子。四方君子来到卫国，想要见到我们的国君，一定要先见到夫人。当然，我们的夫人也想认识您。你看，孔子的名声多么响亮！

问题在于，这个事不合礼制，哪有求见国君，先见夫人的道理？孔子不想求见南子，但没想到，过不了夫人这一关，还真就见不到卫灵公。为了实现自己的政治理想，他硬着头皮求见南子。《史记》中记载了这尴尬而无奈的一幕：

孔子辞谢，不得已而见之。夫人在绤（chī）帷中。

一起读论语

> 孔子入门，北面稽首。夫人自帷中再拜，环佩玉声璆（qiú）然。孔子曰："吾乡为弗见，见之礼答焉。"
> ——《史记·孔子世家》

孔子在不得已之下，见到了南子。没想到，这位夫人还挺懂礼数，古代男女不宜直接见面，她就坐在纱帐之中。孔子向南子行礼："鲁国孔丘，参见君夫人。"南子呢，则在帐中回礼："早就听说您是博学的人，果然懂得礼节啊。"孔子没有抬头，只听见她身上玉佩叮当声响。

两人对答一番，孔子告辞出门。离开了卫国的宫廷，孔子如释重负，对弟子们说："我之前真不想见南子啊，不过还好，这次会面也没有失了礼数。"

没想到，豪爽的子路不高兴了："不论如何，见了南子就是失礼！"

> 子见南子，子路不说。夫子矢之曰："予所否者，天厌之！天厌之！"
> ——《论语·雍也》

孔子问心无愧，连忙向子路解释说："我要是做了什么不对的事，老天都厌弃我！"秉承"斯文"、深知"天命"的孔子说出这样的话，足见他心中的无奈了。

见了南子，果然就能见到卫灵公，孔子向他推行自己的政治主张，要仁爱百姓、礼敬大臣。没想到，卫灵公年老昏聩（kuì），这些话全然听不进去："小孔，先不说这些，过几天我约你一起春游……"

春游的日子到了，卫灵公和南子坐一辆车，旁边还有服侍的太监。他们的车队在闹市中走过，卫灵公满脸宠溺，南子眉开眼笑，一边走一边向老百姓招手示意。孔子未能坐上主车，只能跟在他们后面。身材高大的孔子微微低下头，看着他们"招摇过市"的样子，不禁皱起眉头："已矣乎！吾未见好德如好色者也。"（《论语·卫灵公》）没救了！我没见过喜欢美德如同喜欢美色的人。言下之意，卫灵公如此"好色轻贤"，卫国的政治没啥希望了！

孔子在卫国住了一段时间，越发感到失望。三年后，孔子再次见到了卫灵公。《论语》记载道：

> 卫灵公问陈于孔子。孔子对曰："俎（zǔ）豆之事，则尝闻之矣；军旅之事，未之学也。"明日遂行。
>
> ——《论语·卫灵公》

"陈"就是"阵"，也就是行军打仗。"俎豆"是祭祀的礼器，代表了礼乐制度。卫灵公兴冲冲地问："小孔，给我讲讲打仗的事呗！"

一起读论语

孔子摇了摇头："您要是问国家礼乐的事情，我还略知一二；用兵打仗的事，我可没学过。"第二天，孔子就带领弟子离开了卫国。

说起来，孔子显得有些"矫情"，不就是没坐上主车吗，为何如此生气？以孔子的博学，也未必不懂军事，他的弟子子路、冉有都擅长带兵，为什么要告诉卫灵公自己不懂带兵打仗呢？要知道，卫灵公不是普通人，作为一国之君，他应当尊重贤才，施行仁政，这是古人心目中重要的政治德行。他呢，不仅宠信夫人南子，还满心想着如何打仗——卫国是个小国，可经不起他这么折腾。因此，在孔子的心目中，卫国的政治没希望了。他感慨道："鲁、卫之政，兄弟也。"（《论语·子路》）鲁国和卫国，真是一对难兄难弟，鲁国待不下去，卫国也不可久留啊！

知识小贴士：

古代女子的"三从四德"

中国古代是男权社会，女子的地位相对低下。《说文解字》："女，如也。""如，从随也。"一言以蔽之，就是要求女子顺从、听话。封建社会将女子的道德行为规范概括为"三从四德"。所谓"三从"，就是未嫁从父、出嫁从夫、夫死从子，男女地位之别由此可见。因此，南子与卫灵公同坐主车招摇过市，单独召见孔子，在当时颇不符合"女德"，也难怪子路很不高兴。这些在今天看来，绝对是应当被抛弃的封建糟粕，但同时也是我们理解孔子在卫国言行的重要背景，不可不知。

（三）大树下的迫害：孔子在宋国

离开卫国，孔子与弟子来到了宋国境内。他们远远地看见一棵大树，枝叶扶疏，郁郁葱葱。

"夫子，我们赶路辛苦，去大树底下歇一歇吧。"

"好啊，休息之余，咱们正好可以讲学，这就是'学而时习之'呢。"孔子带领弟子温习学过的礼仪，在树影婆娑中，他们一丝不苟地演练着。

不久，孔子入境的消息传到了宋国的司马桓魋（tuí）耳中。听说孔子来了，桓魋心中大怒，想起了以前的一件事情。当初，桓魋曾奴役百姓，从山中开采大石，给他打造一个巨大的石头棺椁（guǒ）。

咦，桓魋还没死，为什么要给自己做棺材呢？多晦气！

要知道，中国古人十分重视身后之事，往往提前安排自己的棺木陵寝。就像秦始皇，他在世的时候，让几十万刑徒为自己修建骊山上的陵墓。桓魋幻想着，如果死后能够用上石头做的棺材，那自己就可以"不朽"了吧！因此，他毫不顾及百姓的辛苦，强迫他们打造石棺，三年都没有做好。

用这种方式追求"不朽"，实在荒唐可笑，真是苦了宋国的老百姓。孔子听说后，毫不客气地公开批评："这样浪费民力，桓魋死了之后，还不如赶快腐朽！"这话传到桓魋耳中，真是"啪啪"打脸，把他气得咬牙切齿。但宋国百姓都觉得孔子说出了自己的心声，碍于民意，桓魋当年还真不敢把孔子怎样。现在呢，机会来了！

"孔丘，给你点儿颜色瞧瞧，让你说我腐朽！来人，带上斧头，跟我走！"桓魋带着士兵，连夜赶到孔子讲学的地方，将大树拦腰

一起读论语

砍断。这就是给孔子颜色看,你要再不离开宋国,小心你的脑袋有如此树!

第二天,孔子和弟子们来到昨天讲学的地点,发现一片狼藉。大树倒在地上,残枝落叶散落一片。和附近的百姓一打听,原来是桓魋下的手。孔子心中对桓魋充满鄙夷,当年我批评你,是因为你没有仁爱民众的政治德行,如今你却这般报复,实在是心胸狭窄!他不由脱口而出:"天生德于予,桓魋其如予何?"(《论语·述而》)上天赋予了我高尚的品德,他桓魋又能把我怎么样呢?你看,孔子的信心与从容,始终与"天命"密不可分。

尽管如此,也要小心为上,此地危险,不可久留,毕竟谁也不知道桓魋接下来会做些什么。子贡建议说:"夫子,我担心桓魋不会善罢甘休,不如我们换上老百姓的便装再走。"孔子想了想:"唉,你说的也有道理……"

于是,孔子和弟子们"微服过宋",穿上便装,悄悄地离开了宋国,只留下一个孤零零的树桩。

> 知识小贴士：
>
> ## 古人追求的"三不朽"
>
> 司马桓魋奴役工匠，花费三年时间为自己打造精美的石棺，来追求死后尸体的不朽。但在时间的长河中，肉体终将腐朽，唯有精神能够不朽。中国古代有"三不朽"，分别是立德、立功、立言，是几千年来仁人志士不断追寻的人生价值。《左传·襄公二十四年》记载了鲁国叔孙豹与晋国范宣子两人之间的一场辩论：究竟何为死而不朽？范宣子认为香火不断，世代显赫就称得上"不朽"。叔孙豹却提出，真正的"不朽"在"太上有立德，其次有立功，其次有立言"，即一个人的德行操守能够成为世代效法的模范，这是最高境界；其次是事业功绩能够造福众人；再次是能够提出真知灼见，著书立说传于后世。由此可见，桓魋所追求的"不朽"是十分肤浅的，难怪招致了孔子毫不客气的批评。

（四）丧家狗的欣然一笑：孔子在郑国

离开了宋国，孔子来到郑国，在城门口，他和弟子们走散了。《史记》中记载道：

一起读论语

孔子适郑，与弟子相失，孔子独立郭东门。郑人或谓子贡曰："东门有人，其颡（sǎng）似尧，其项类皋陶（gāo yáo），其肩类子产，然自要以下不及禹三寸，累累若丧家之狗。"子贡以实告孔子。孔子欣然笑曰："形状，末也；而谓似丧家之狗，然哉！然哉！"

——《史记·孔子世家》

孔子和弟子走散了，人生地不熟，只好一个人站在郑国东门。弟子们找不到老师，十分着急，满世界向人打听。这里先要说一说郑国的民风，春秋时期，郑国夹在晋、楚两个大国之间，就像汉堡

包中间那块肉饼一样。今天晋国来打，明天楚国来攻，郑国在两个大国之间斡（wò）旋，逐渐培养出一种特殊的政治智慧，那就是"墙头草，两边倒"。因此，郑国的民风也不太好：狡黠、刻薄，有点儿坏。

子贡找不到孔子，只好向郑国人打听："请问，您见过一位身材高大、十分儒雅的老者吗？"郑国人小眼睛一眨，咦，这不是我在城门口见到的那个人吗？让我讽刺一下："我看见东门有一个老头，他的脑门像大尧，脖子像皋陶，肩膀像子产，腰以下像大禹，不过还短上三寸，一副倒霉相，活像一条丧家狗！"

郑国人够损的，尧、皋陶、子产、大禹，四个人都是圣贤，他的意思很清楚，孔子继承了圣贤之道，可结果又怎么样呢？不还是条"丧家狗"——周游列国，流离失所，就像无家可归的野狗一样。

子贡听了很气愤，但忙着找老师，顾不上和郑国人争辩。见到孔子之后，按道理这种话是不该传的，但他心里实在憋屈，还是告诉了孔子。要是你们听到了这话，会是什么反应呢？我们可以想象一下，如果是性情刚直的子路："岂有此理！走，把他揍成丧家狗！"如果是泪腺发达的刘备，会和关羽、张飞抱头痛哭一场："兄弟们，咱们不容易啊！"而孔子呢，他只是欣然一笑："一个人的相貌如何，不值一提。但说我像丧家狗，像！真像！"

面对别人的毒舌与讥讽，孔子毫不在意，只是欣然一笑。愤懑的子贡看到老师和蔼的笑容，不禁愣住了。什么是真正的君子？在危难与艰辛中，在别人的嘲讽与不解中，始终坚持自己的追求与从容，这才是君子的真精神、真风采！

在那一刻，子贡的心仿佛都被这欣然的一笑温暖了。

一起读论语

知识小贴士：

圣人的长相是个谜

在古人的观念世界里，圣人往往有"异相"。尧、舜、禹、汤、文、武、周公，是孔子心目中的圣人，他们都长什么样呢？据不同典籍的记载，传说尧的眉毛有八种颜色，舜的眼睛有两个重叠的瞳孔，禹的耳朵上有三个孔……总之，圣人的与众不同，从相貌上就彰显出来了。按记载，孔子的长相也很神奇，这也就不足为怪了。据《韩诗外传》记载，春秋时期有个非常会相面的人叫姑布子卿，他跟子贡形容孔子的长相为"得尧之颡，舜之目，禹之颈，皋陶之喙（huì），从前视之，盎（àng）盎乎似有王者；从后视之，高肩弱脊"，说孔子的额头长得像尧帝，比较宽；眼睛像舜帝；脖子像大禹；嘴巴像皋陶；从正面看十分高大像一个王者，从背面看则两肩高耸、脊背细弱。咦，这和《史记·孔子世家》中记载的郑人眼中的孔子，稍稍有些不同呢！可见，形象总是带有一定主观色彩的，一千个人心中，就会有一千个孔子的模样。

（五）风雨飘摇中的君子：陈蔡绝粮

孔子在郑国住了不久，继续南下，在陈国和蔡国又住了好几年，中间还曾返回过卫国。他颠沛流离，但谁也没有重用他。后来，楚昭王听说孔子的贤能，便派人去迎接他。

陈国、蔡国是两个小国，多年来被楚国欺负，听说孔子要去楚国，陈、蔡两国的大夫们坐立难安：

"孔丘是贤人，这几年我们也未曾善待他，他要是被楚国重用，必然危及到我们！"

"不可放虎归山，派兵把他围起来！"

在前往楚国的路上，孔子和弟子们被围困在陈国、蔡国之间，好多天没有粮食吃。这就是著名的"陈蔡绝粮"的故事，除了《论语》之外，在《墨子》《庄子》《荀子》《韩非子》中都有记载。先看《论语》：

> 在陈绝粮，从者病，莫能兴。子路愠（yùn）见曰："君子亦有穷乎？"子曰："君子固穷，小人穷斯滥矣。"
> ——《论语·卫灵公》

孔子一行在陈蔡之地被乱兵包围起来。粮食吃光了，"从者病，莫能兴"，弟子们连着几天没饭吃，躺在地上爬不起来。不要小看这六个字，陈蔡绝粮，我们讲起来是个故事，在孔子当时可是生死关头——他们整整七天七夜没吃干粮，只能喝点儿野菜汤充饥，真是仅仅免于死亡而已。

看着身边奄奄一息的师兄弟们，子路"愠"了。他实在想不通，我的同门都是至诚君子，为什么大家要在旷野里流离失所？像孔子这样的道德君子，为什么要遭受这种折磨？这么多年跟着老师追求理想，难道这条路就要走到尽头了吗？子路憋不住去问孔子：

一起读论语

"难道君子也有'穷'的时候吗？"

在这里，"穷"不是贫穷，而是走不通的意思。"穷"是"通""达"的反义词。晋代"竹林七贤"中的阮籍，生活在一个非常黑暗的时代，他为了发泄愤懑，经常"率意独驾，不由径路，车迹所穷，辄（zhé）恸（tòng）哭而反"（《晋书·阮籍传》）。只身一人驾车飞奔，直到前面没有路了，走不通了，下车痛哭一场，再失魂落魄地回去，这叫"穷途之哭"。你驾着马车往前走，突然前面出现一座悬崖峭壁，没路了，绝望了，这就是"穷"！

孔子看着子路，凛然地说了四个字"君子固穷"！在穷困中，君子一定要坚守，如果是小人的话，就乱套了。

我们可以细心品读这四个字，随着年龄增长，阅历丰富，对生命感悟不断加深，也会不断掂出它的分量。孔子不是爱讲大道理的人，而是大道的践行者，把实实在在的道德生命摆在那里！北宋大儒程颐说《论语》"不可只作一场话说"，《论语》不是空谈，而是孔子真实的生命境界！可以说，在孔子那里，生命和义理之间没有距离。

毫无疑问，"君子固穷"正是"人不知而不愠"（《论语·学而》）的境界，别人不了解自己，甚至误会自己、伤害自己，但心中丝毫不觉郁闷。但如果我们一定要追问：君子所坚守的是什么呢？《论语》中没有细说，或许可以在《庄子》中找到答案。庄子是道家著名的思想家，他讲了很多孔子的故事，不少是对儒家的讥讽，但对"陈蔡绝粮"的记载却是例外，可谓深得孔子之心：

孔子穷于陈、蔡之间，七日不火食，藜羹（lí gēng）不糁（sǎn），颜色甚惫，而弦歌于室。颜回择菜，子路、子贡相与言曰:"夫子再逐于鲁,削迹于卫,伐树于宋,穷于商、周,围于陈、蔡,杀夫子者无罪,藉夫子者无禁。弦歌鼓琴,未尝绝音,君子之无耻也若此乎?"颜回无以应,入告孔子。孔子推琴喟(kuì)然而叹曰:"由与赐,细人也。召而来,吾语之!"

——《庄子·让王》

陈蔡绝粮,生死关头,已经七天七夜没饭吃了,只能喝一点儿野菜汤,一粒米也没有。大家神色疲惫,孔子却还是每天弹琴唱歌。子路和子贡在背后嘀咕:"咱们这位夫子也真行!这些年被人撵来撵去,在鲁国被权臣赶走,在卫国也待不下去,在宋国还被桓魋砍了大树,如今又被围困到陈蔡之地,都到这份儿上了,他老人家还有心思弹琴,是不是有点儿不知羞耻了?"隔墙有耳,颜回听见了,想替孔子解释,又怕说不过他俩,怎么办?就用了我们常用的一个办法——告老师!

孔子听了这些话,把琴一推,叹了口气:"这两个人啊,真是细人!境界狭小,可以说是'面条人格'。喊他们过来。"俩人进来,子贡捅捅子路,子路瞪了颜回一眼,发难了:"老师,咱们混到这个份儿上,算是穷了吧?"接下来,孔子的回答精彩至极:

君子通于道之谓通,穷于道之谓穷。今丘抱仁义之道,以遭乱世之患,其何穷之为?故内省而不疚于道,临难而不失其德,大寒既至,霜雪既降,吾是以知松柏之茂也。陈、蔡之隘,于丘其幸乎!

——《庄子·让王》

一起读论语

在孔子看来，真正的君子走在大道之上。大道不是哪一个人的独创，而是圣贤代代相传的文化传统，在大道之上，甚至还能看到他们遥远的身影。一个人走在"道"上，就会承担起中华民族的文化使命，拥有了历史带来的力量！每个人都是渺小的，犹如沧海一粟，但君子走在大道之上，又会拥有一种磅礴的信心与使命感。

既然这样，君子是"穷"还是"通"，在于他是否脱离了"道"。孔子说"内省而不疚于道，临难而不失其德"，扪心自问，无愧于圣贤传下的大道，在危难关头，从来没有违背内心的品德。因此，孔子压根不认为自己"穷"了——我一直在"道"上啊，我没有走不通啊！不离大道，坚守德性，这就是孔子的"固穷"。他最后说道："岁寒，然后知松柏之后凋也。"(《论语·子罕》)对君子来说，一切困厄都不过是对自己的检验，就像在天寒地冻之际，才知道松柏最后凋零。

孔子说罢，安然地拿起琴，唱起了歌。子贡感叹道："我不知道苍天有多么高远，大地有多么仁厚啊！"而子路呢，已是泪流满面，他操起一把长戈，在孔子的琴声中奋然起舞，雄壮的身影洒落在广袤的原野上……

知识小贴士：

儒家的"穷"与"通"

孔子和弟子的对话，表达了儒家的"穷通观"，展现了儒家的骨气。在孔子的心中，"穷"与"通"的标准不是以物质环境来衡量的，而是以精神财富和思想境界来衡量的。没有钱不叫"穷"，没有理想和骨气才是"穷"。孔子说："士不可以不弘毅，任重而道远。"这里的"不可以不"并不是一种被动的应对，而是强调在追求理想的道路上，主动地去弘扬坚毅、刚强的品质。孟子说："富贵不能淫，贫贱不能移，威武不能屈。此之谓大丈夫。"真正的"大丈夫"在面对不同的人生境遇时，能够坚守自己的理想和信念。在历史的长河中，许多仁人志士用自己的生命诠释着这份骨气，闪耀出人格的光辉。

一起读论语

（六）好龙的叶公：孔子在楚国

在"陈蔡绝粮"的危难之际，楚昭王迎接孔子的军队到了，真是千钧一发。于是，孔子和弟子来到了楚国。

楚国是春秋时期最强大的国家，楚昭王又是一位开明的君主，对待大臣将相亲如手足，孔子也很欣赏他。楚昭王想要重用孔子，《史记·孔子世家》记载道：

> 昭王将以书社地七百里封孔子。楚令尹子西曰："王之使使诸侯有如子贡者乎？"曰："无有。""王之辅相有如颜回者乎？"曰："无有。""王之将率有如子路者乎？"曰："无有。""王之官尹有如宰予者乎？"曰："无有。""且楚之祖封于周，号为子男五十里。今孔丘述三五之法，明周召之业，王若用之，则楚安得世世堂堂方数千里乎？夫文王在丰，武王在镐，百里之君卒王天下。今孔丘得据土壤，贤弟子为佐，非楚之福也。"昭王乃止。其秋，楚昭王卒于城父。

楚昭王想封给孔子七百里地，表示重用。意想不到的是，令尹子西提出了不同意见。子西问楚昭王："大王，您的使者有像子贡那样能言善辩的吗？"

"没有。"

"您的宰相有像颜回那样道德贤良的吗？"

"没有。"

"您的大将有像子路那样武艺高强的吗？"

"没有。"

"您的臣子有像宰予那样擅长治国的吗？"

"没有！没有！寡人啥都没有！"

随着子西的不断发问，楚昭王的脸面越来越挂不住了。子西接着说："我们楚国，一开始不过五十里的小国，是历代先祖征战四方，才有了如今数千里的广阔领土。如今孔丘贤德，弟子也都是治国之良才，您要给他七百里的封地。请问，楚国将来还能有安稳日子吗？"

子西的一番话，让楚昭王心生忌惮，打消了任用孔子的念头。

这一年的秋天，楚昭王去世了，孔子在楚国再也没有实现理想的可能。漂泊多年，壮志难酬，他深感失望，同时也在思念自己的故乡——鲁国。于是，孔子和弟子们准备离开楚国，北上回乡。

想要返回鲁国，就要经过负函这个地方。说起来，负函的长官是一个神秘的人物，他是谁呢？

他就是叶公，"叶公好龙"的叶公！

一起读论语

成语中的叶公是一位滑稽的小人物。实际上,历史上的叶公是一位了不起的人物,他本名叫沈诸梁,做过叶城的长官,故被尊称为"叶公"。当初楚国发生政变,大臣被杀,国君出走,叶公领兵勤王护驾,有安邦定国之功,堪称"擎(qíng)天白玉柱,架海紫金梁"。他是一位杰出的政治家、军事家。

至于"叶公好龙"的故事,并不丢人。假设你是一个恐龙爱好者,梦寐以求地想见到恐龙,有一天早上刚睡醒,迷迷糊糊看见眼前有一只霸王龙,冲你龇牙微笑,你怕不怕?跑不跑?这是人之常情嘛。

叶公曾向孔子请教治国之道,孔子说:"近者说,远者来。"(《论语·子路》)"说"是"悦"的假借字。身边的人,要让他感到愉悦而幸福;远方的人,要让他主动来投奔自己。言简意赅的六个字,境界非凡。古人说:"王者,往也。"什么是王道?就是要让天下主动归往,孔子的话,蕴含着王道的最高境界。

叶公很尊敬孔子,想要进一步了解他,于是他找到子路。

> 叶公问孔子于子路,子路不对。子曰:"汝奚不曰:其为人也,发愤忘食,乐以忘忧,不知老之将至云尔。"
> ——《论语·述而》

叶公的问题开门见山:"孔子是什么样的人啊?"很直接,很简单,但不好回答,子路一下子无言以对。子路是什么人?是敢说敢做的豪杰,在叶公面前却张口结舌了。孔子听说后,叹了口气:"子路啊,连你也不了解我吗?想要形容我这个人,'发愤忘食,乐以忘忧'这两句话不正合适吗?"

这两句话是"夫子自道",我们看一看孔子的自我评价:"发愤忘食",用功起来连吃饭都忘了,这意味着高度的专注!人的潜能是无限的,只有在专注的时候,才能充分发挥、创造奇迹。儒家向来强调专注,荀子在《劝学》中说,蚯蚓弱小柔软,没爪没牙,但能"上食埃土,下饮黄泉"。凭的是什么?"用心一也"!这就是专注的力量。古往今来的圣贤豪杰们都有专注的特点,过于专注了,有时还显得有些"痴"。孔子在齐国闻听《韶》乐,能"三月不知肉味"(《论语·述而》),你说他痴不痴?近代的章太炎先生,半夜想起一个学术问题,起身到书房翻书思考,第二天家人看见他时,窗外大雪纷飞,他竟穿着单衣站了半夜,你说他痴不痴?但也就是这股痴劲儿,让他们成就了大学问、大事业。

"乐以忘忧"。孔子并非无忧,他惶惶如丧家之犬,倒霉的时候连饭都吃不上。但他的境界恰恰在于能用"乐"融化"忧",不要说人事上的坎坷折磨,连自然的衰老都忘记了——"不知老之将至云尔"。孔子说这句话的时候,已经六十三岁了。在今天看来,六十三岁还大有"余热",在春秋时代却已经是高寿了。孔子虽然年老,但始终在大道上发愤忘食,专注于自己的使命;他用自己磅礴的生命力,把来自人事的、自然的困厄与烦恼全部化掉,其乐融融。

需要注意的是,"乐以忘忧"的"乐"不是简单的快乐,孔子更不是什么"快乐老头"。某种意义上,快乐是个轻飘飘的词儿。孔子的"乐"是一种"能化"的力量,孟子曾说"大而化之之谓圣",大概就是这个意思。孔子的"乐"犹如初春的太阳,不刺眼,不炽耀,但大地上一切的坚冰冻土,都在悄然融化。

在孔子的照耀下,一江春水,开始东流。

一起读论语

知识小贴士：

古代的分封制

为了让孔子为己所用，楚昭王本想递出一根诱人的"橄榄枝"——封给孔子七百里地！这就不得不说说古代的分封制。"封"甲骨文作 ，象在树苗的根部培土之形，古代用种树的方式来标记疆界，因而"封"有封界之义。分封制，是古代君主将王畿（jī）之外的土地分赏给王室子弟、诸侯或功臣的制度，诸侯在封地之内可以进一步对卿大夫实行分封，这样便像众星拱月般，形成一个个邦国。臣子在邦国内享有统治权，也要向君主履行相应的义务。了解了分封制的背景，大家这下明白楚国的贵族大臣们为什么这么反对楚昭王封地给孔子了吧！

（七）身在外地心在鲁：终于回国了

当孔子周游列国、四处漂泊之时，鲁国又发生了什么事情呢？

就在孔子离开卫国的那年秋天，季桓子病重了，他让人把自己抬到城外，看着鲁国的城墙，不由老泪纵横，喟然长叹："当年鲁国有复兴的希望，是我伤害了孔子，让他离开鲁国，鲁国也就由此一蹶不振了。"他艰难地转过头，看着自己的儿子季康子，"我就要死了，我死后，你肯定是鲁国的正卿。想要治理好鲁国，一定要把孔子请回来啊。"

几天之后，季桓子就去世了。他的继承人是季康子，康子处理完父亲的丧事，就想召回孔子。没想到，有人劝他说："当初季桓子任用孔子，有始无终，成为了天下笑柄。可见孔子并不是好相处的人。如果您任用他，再度有始无终，那还会被人笑话的。"

听了反对的话，季康子心生顾虑："那该怎么办呢？"

"可以把孔子的弟子冉求先召回来，他能文能武，是治国的良才！"于是，鲁国派出使者，召冉求（即冉有）回国。孔子听说了，这次召冉有重回鲁国，是要重用他啊。他想到故乡，遥望着鲁国的方向，感慨万分地说道：

> 归与！归与！吾党之小子狂简，斐然成章，不知所以裁之。
>
> ——《论语·公冶长》

"归"是回归，"党"是故乡。孔子说："回去吧，回去吧。我家乡的小伙子们，志向远大，文采斐然，我都不知道该怎样指导他们了。"聪明的子贡听了这句话，读懂了孔子的心意，夫子是在惦念鲁国啊。于是悄悄嘱咐冉有，如果你一旦被重用，一定赶快把夫子请回鲁国。

几年之后，齐国兴兵攻打鲁国，冉有参加了战斗。他英勇无比，操起长矛冲锋陷阵，打了胜仗。在和齐国的战争中，鲁国已经很多年没打过胜仗了，冉有得胜归来，季康子大喜过望！

"看不出啊，冉有，你还有这个本事！我问你，你的军事才华，是学来的呢，还是天生的呢？"

冉有一看，机会来了："我的本事，是从老师孔子那里学来的！"

嗯？孔子不是道德博学之士吗，怎么还会打仗？季康子十分好奇："给我说说，孔子是个什么样的人？"

"任用孔子，必将扬名千里，连鬼神都挑不出他的毛病。但如果不合道义，哪怕是封给孔子两万五千户人家，他也不会出来当官的。"冉有正色道。

说到这里，季康子想到了季桓子临终前的嘱托："那我想把孔子请回来，可以吗？"

"当然可以！但千万不要听信谗言，再度冷落孔子了。"

于是，季康子派出使者，拿着礼物，前去迎接孔子。当时孔子再度住在卫国，卫灵公已经去世了，卫国的政局更加混乱。见到鲁国使者，他毫不犹豫地回到了自己的家乡。经过十四年的周游列国，孔子见过各种各样的国君、权臣，没有一个人能够真正实现他的政治主张，反而让他饱尝了艰辛、委屈、挫折、苦难，但孔子没有沮丧，没有绝望，而是始终保持着昂扬的志气，保持着积极的自信，保持着从容自得的君子之乐。

这种精神，便是《论语》第一句中所说的——"**人不知而不愠，不亦君子乎！**"

知识小贴士：

古人是如何打仗的

春秋时期，车战是主要的作战方式，双方横向摆出"一"字形的车阵才能开战。开战时先用弓箭互射一番，然后驱车向前，展开搏斗。《诗经》《左传》等先秦经典中，凡是写到战争的，都少不了交代车马的情况，以反映对战双方的军事实力。战车上一般有三名甲士，居中是御者，随身佩带短兵器，主要负责驾车；居左的叫"车左"，一般都是神箭手，主要负责射箭；居右的叫"车右"，负责击刺，一般都是大力士，在行车过程中如果遇到障碍，"车右"要负责排除障碍。古代战争一方面十分重视军事实力和作战方式，战争中常常运用不同的阵形，队伍也分成上、中、下军或者左、中、右师，相互配合；另一方面还十分注重将帅的德行。

（八）逆境中的圣贤境界：寻孔颜乐处

人不知而不愠，不亦君子乎？

——《论语·学而》

一起读论语

"人不知而不愠",可以翻译成"别人不了解我,我不怨恨他"。但这句话的深意不止于此,我们理解孔子的这句话,需要深入辨析"人""知""愠"这三个词。

在现代汉语中,"人"和"民"没有太大差别。在先秦时期,"人"和"民"的意思却有所不同。孔子生活在贵族社会中,贵族与平民的地位有天壤之别。"人"有时泛指人群,有时专指贵族,"民"则专指底层的百姓和奴隶。在金文中,"人"和"民"写成这样:

第一个字是"人",后一个字是"民"。"人"象侧面站立的人形,泛指人类。"民"字上面是一只大大的眼睛,下面是一根磨尖了的针。根据郭沫若先生的说法,古代捉到奴隶,为了不让他们逃跑,先要刺瞎一只眼睛,这是野蛮社会的民俗在汉字中的遗存——古文字中的"民"多指奴隶。《说文解字》中说:"人,天地之性最贵者也。"又说,"民,众萌也。""人"是天地之中最尊贵的存在,"民"则是数量众多的平凡百姓,体现出不同的情感色彩。在《论语》中,"人"有时专指贵族,指统治者,"人不知而不愠"的"人"就是这个意思。至于"知",也不是一般意义上的"了解",在这里是"任用""举荐"的意思。"愠"也不是"怨恨",这是两种不同的情感。"怨"是外向的,"埋怨"一定要表达出来,所谓"洒向人间都是怨";"愠"则是内向的,把痛苦蕴含在心中,也就是"心里憋屈型"。

"人不知而不愠"这句话的含义是,没有一个国君肯用孔子,敢用孔子,但他却丝毫不往心里去。在《论语》中,还有意思相近的两句话:

> 君子病无能焉，不病人之不己知也。
> ——《论语·卫灵公》
>
> 不患人之不己知，患其不能也。
> ——《论语·宪问》

"病"和"患"都是意动用法，指的是"以……为病、患"。这两句话的意思差不多：君子只为自己能力不足而感到难过，不为他人不了解自己而痛苦。君子不怕别人不了解自己，就怕自己没有真本事。在孔子看来，真正的君子要严于律己，至于国君是否信任自己、任用自己，都不是多么重要的事。只要自己成为道德君子，掌握了各种才能，不怕没有实现抱负的那一天。

孔子曾说："君子求诸己，小人求诸人。"（《论语·卫灵公》）"求"不是"乞求"，而是"要求"。真正的君子随时在严格要求自己，提高自己的修养，只有小人才总去挑剔苛求别人。君子永远在进行自我考问，一旦自己的言行经得起良知的检验，他就像磐石一样，任何的风浪、旋涡都奈何不了他。在孔子的一生中，经历了各式各样的误解、诽谤，甚至是阴谋诡计。但他从来没有怨天尤人，而是在困厄面前"不改其乐"，用道德驱散阴云，在心中留下一片明朗的天空。

关于孔子之"乐"，他还说过这样一句话：

> 饭疏食，饮水，曲肱（gōng）而枕之，乐亦在其中矣。不义而富且贵，于我如浮云。
> ——《论语·述而》

一起读论语

"饭"是名词做动词,这里是"吃"的意思。"疏"有"粗疏"的意思,"疏食"指的是粗粮、糙米。古人没有牙刷,牙齿健康是个大问题,吃东西越精细越好;孔子说"食不厌精,脍(kuài)不厌细"(《论语·乡党》),实际上是一种养生之道。"饮水",这个"水"不是一般意义上的水,专指生水、冷水,古代的热水叫作"汤"。"曲肱",弯着胳膊。

孔子真是穷到家了!每天吃粗粮,喝生水,没有枕头,睡觉时只好把脑袋枕在弯曲的胳膊上。这可是当过大司寇的人啊,还过得如此寒酸!即便如此,他还是能够"乐在其中"。孔子为什么能做到这一点呢?很简单,他把世间富贵看透了!"不义而富且贵,于我如浮云"——违背道义而得来的富贵,不过是天上的浮云,一阵风就没了。这句话对中国历史的影响极其深远,中国人向来以淡泊名利为美德,把名利放下了,人格才能树立起来。历史上涌现出无数的志士、清官、隐者,究其根源,无非是"富贵于我如浮云"而已。

对小读者而言,这个道理有点儿远,连"富贵"的影儿都没看见呢,当个班长,攒个零花钱,那不叫"富贵"。但是,人生路漫

漫，你们将来都有可能面对"富贵"的诱惑，到那个时候，别忘了孔子的话："不义而富且贵，于我如浮云。"

孔子"乐而忘忧""乐在其中"，他的弟子颜回也能"不改其乐"：

> 子曰："贤哉，回也！一箪（dān）食，一瓢饮，在陋巷，人不堪其忧，回也不改其乐。贤哉，回也！"
> ——《论语·雍也》

在孔子的弟子中，颜回是出了名的贫穷，孔子说颜回是"屡空"，很不善于经营，总把自己弄得一贫如洗。你看他的生活，每天一竹筐饭，一瓢凉水，住在简陋的小巷子里，一般的人忍受不了，颜回却能"不改其乐"。

"乐"从何来？颜回曾说："所学夫子之道者足以自乐也！"哦，他也是在那条大"道"上啊！孔子评价颜回，用了两个"贤哉，回也！"——"贤德啊，颜回！"真是发自内心的欣赏。颜回继承了孔子的大道，和自己的老师拥有共同的精神气象。在众多弟子中，孔子只承认颜回一个人是"好学"，真是情有独钟。

我们看到，孔子在艰难困苦中"乐以忘忧"，颜回也有"人不知而不愠"的君子境界。因此，北宋大儒周敦颐教导弟子，就让他们"寻孔颜乐处"，思考孔子与颜回"不改其乐"的原因何在。这个问题太精彩了！对"孔颜乐处"的思考，是要深入到孔子磅礴的人生境界的深处，理解他道德生命力的源泉啊。

在品读《论语》的过程中，我们也可以不断探寻，孔子的至乐究竟来自哪里？

一起读论语

知识小贴士：

孔子的饮食之礼

尽管孔子说"饭疏食，饮水"云云，显得随意，但这并不意味着孔子对饮食一点儿都不讲究！孔子在正式场合，特别是祭祀时，对食物的要求还是蛮高的。《论语·乡党》中说："食不厌精，脍不厌细。"对于祭祀用的食物，孔子认为无论多么精细都不为过。就拿肉来说，腐败了，不吃；颜色不好，不吃；气味不对，不吃；火候不正，不吃；形状没切好，不吃；蘸料上错了，不吃。真的是讲究极了！作为仪节的一部分，食物的洁净与美观，一定程度上代表了参与者的诚敬，孔子对于正式场合饮食之礼的严格要求，正反映出他对礼乐之道的坚守。而"饭疏食，饮水"，则是孔子在祭祀等礼仪活动之外的，个人生活中安贫乐道的体现，流露出"孔颜乐处"的潇洒与淡然。孔子对饮食的两种态度，是不矛盾的。

四、孔子和他的弟子们

周游列国之后，孔子回到了故乡鲁国，他渐渐远离政治，专心教育学生，整理古代的文献。孔子是一个怎样的老师？他用什么样的方法教导学生？在孔子和弟子之间，又发生了哪些难忘的故事呢？

（一）由政治到教育

孔子经历了十四年的奔波，终于回到了家乡鲁国。季康子虽然尊重孔子，但并没有充分地任用他，鲁国政治依旧混乱不堪。饱经沧桑之后，孔子对政治也日渐失望了。在他看来，各国的诸侯、大夫不过是一丘之貉（hé），他们为了自己的私利，谋取权力，欺压百姓，很难建立起一个理想的国家。

季康子作为掌权大夫，曾向孔子请教如何治理国家。孔子心里清楚他的为人，他在鲁国大权独揽，为了培养私家势力，还收留了一大批其他国家的叛臣、罪犯。孔子说：

一起读论语

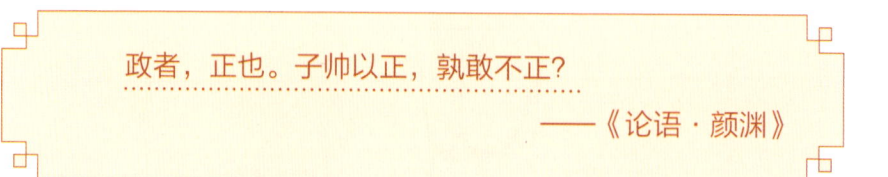

> 政者，正也。子帅以正，孰敢不正？
> ——《论语·颜渊》

"帅"是表率的意思。孔子说："'政'的意思很简单，就是端正、正直。您自己做个表率，带头端正起来，谁敢不端正呢？"孔子话中有话，季掌门啊，回去照照镜子，你做人是端端正正的吗？

也不知道这位季掌门回去照镜子了没有，没过两天，他又找孔子来了："愁啊！鲁国这是怎么了？盗贼越来越多，抓都抓不过来！"

孔子听罢，对他说：

> 苟子之不欲，虽赏之不窃。
> ——《论语·颜渊》

"苟"是如果，"子"是对季康子的尊称。"如果您不是那么贪婪的话，就是给老百姓设个'国家偷盗奖'，他也不会去当强盗小偷的。"这话的意思很明白，上梁不正下梁歪，老百姓偷盗不止，根子就在贪婪多欲的季康子身上。

尽管如此，季康子还是不能领会孔子的批评，打算严整民风："老百姓不靠谱！我来整顿风气，杀掉那些坏人，重用好人，怎么样？"

怎么能对百姓大开杀戒呢？孔子摇了摇头，耐心地说：

> 子为政，焉用杀？子欲善而民善矣。君子之德风，小人之德草。草上之风，必偃（yǎn）。
>
> ——《论语·颜渊》

"您治理国家，怎么老想着杀人呢？您要做一个道德榜样，老百姓自然就会向善的。"孔子进一步打比方来阐释这个道理，"君子的德行，就像风一样；老百姓的品质，就像草一样——风往哪边吹，小草也就随之而倒。"换言之，统治者要给老百姓做出榜样！榜样的力量是无穷的，想要获得民众的认同和追随，最根本的途径是"正身"。孔子坚信，一旦国家的治理者修身立德、行为端正，就能形成一种强大的道德感召力，让百姓心悦诚服地追随他，这就是孔子理想中的"榜样政治"。

遗憾的是，虽然孔子循循善诱，但季康子并没有当一回事。他横征暴敛，百姓的赋税大大增加，给季氏交税之后，就剩不下多少粮食了。孔子对鲁国的政治失望极了，只能向弟子吐露心声。子贡曾经问他："老师，您看现在的执政诸公水平如何？"孔子一听："噫！斗筲（shāo）之人，何足算也！"（《论语·子路》）

"斗"是量器，"筲"是小饭筐，换句话说，就是"饭桶"。它们的容量都不大，用来形容器量狭小、见识不足。"咳！这帮没器量、没见识的饭桶，他们算得上什么！"孔子和子贡说了心里话，他对当今的执政者们失望透顶、厌恶已极。对政治彻底失望的孔子，决定专心从事教育事业，无分贵贱，无分国界，把"有教无类"的理想贯彻到底。

一起读论语

知识小贴士：

"猛于虎"的税收制度

季氏是如何成为大富翁的呢？答案：靠收税！让我们一起来看看古代的税收制度吧。古代税收最初与井田制有关。田地被划分成"井"格状的区域，中间是公田，边上是私田，大家共同耕种公田，然后再各自耕种私田，公田的收获归王室所有，私田的收获则归自己所有。但随着生产力的发展，荒地不断被开垦成私田，被贵族占有，收获的粮食总量越来越多，国家的税收水平却稳定不前。到了公元前594年，鲁宣公在位期间，鲁国实行"初税亩"，不管公田、私田，一律根据田地亩数按十分之一的比例收税。这样一来，国家通过向贵族手中的私田收税，税收大大增加。但羊毛出在羊身上，贵族迅速转嫁危机，进一步向百姓增加税收。各种苛捐杂税，百姓苦不堪言，以季氏为代表的大贵族依旧富得流油。孔子曾感慨："苛政猛于虎。"正点出了春秋时期百姓苦于苛捐杂税的事实。

（二）有朋自远方来

关于孔子的教育事业，《论语》中有一句非常著名的话：

> 有朋自远方来，不亦乐乎？
>
> ——《论语·学而》

这句话不是讲交朋友的吗？它和教育之间有什么关系呢？我们通常把它解释为"来了远方的好朋友，不也很快乐吗？"其实不然，这种解释没有弄清楚"朋"的含义。东汉初年有位大儒叫包咸，曾经做过汉明帝的老师，他有一个解释："同门曰朋。"

"同门"是同学的意思，指一个老师教出来的学生。它和"同窗"的意思不太一样：小学和中学是大班教学，一个班有七八个老师来教，大家叫"同窗"好友，但没有小学生互称"同门"的。等你一天天长大，读到硕士、博士，要小班讨论，几个人跟着一个导师学习，就互称"同门"。

"同门曰朋"指的不是孔子的同学，而是他的弟子们。经过包咸先生的解释，这句话的意思和我们平常的理解有所不同："学生不远千里而来，向自己求学，不也很快乐吗？"让孔子开心的事，是有众多远方而来的求学者。《史记·孔子世家》说："孔子不仕，退而修《诗》《书》《礼》《乐》，弟子弥众，来自远方。"弟子越来越多，从远方赶来追随他，这就是司马迁对"有朋自远方来"的解释。

春秋时期，道路崎岖，交通不便，路上没有几家旅店，出远门是件很不容易的事。庄子在《逍遥游》中说："适莽苍者，三餐而反，腹犹果然；适百里者，宿舂（chōng）粮；适千里者，三月聚粮。"去郊区踏青，带三顿饭就足够了，回来时肚子还饱饱的；到百里之外的地方去，就要准备隔天的粮食了；要是到千里之外，更要准备三个月的粮食。三个月的粮食，那得是多少馒头啊！从楚国去

一起读论语

鲁国，蒸了整整半个月的馒头，驮在驴背上，走吧，真是"路漫漫其修远兮"。一路上省吃俭用，还得防着强盗，躲着战乱……

所以说，不要把"有朋自远方来"这六个字看得太简单了，这足以证明孔子在当时名扬四海，具有极大的感召力！还记得吗，"好龙"的叶公曾向孔子请教治国的道理，孔子告诉他说："<u>近者说，远者来</u>。"（《论语·子路》）"有朋自远方来"不正是这样的境界吗？各地的有志少年，费尽千辛万苦奔赴鲁国，向孔子求学，这说明孔子的理想和学说被越来越多的人接受认可，说明越来越多的人向往着孔子的大道，这难道不是一件值得快乐的事情吗？

在孔子看来，教书育人不仅是传授知识，更传递着一种理想、一种使命、一种精神。薪火相传，千载不灭，孔子通过教育，把更多的人引向了儒家的大道之上。

知识小贴士：

"同门曰朋"中的"同门"是什么意思？

"同门"是大家挤在一个门里学习吗？不是！"同门"这个词起源很早，想解释清楚它的内涵，我们要从古代的房屋制度讲起。在先秦，古人的大门两侧有两间屋子，叫作"塾（shú）"。这个位置今天是传达室，古人则把西边的"塾"当作教室，弟子们在这间屋子里跟老师学习。因此，古代的教书先生也叫"西宾"——西塾里的宾客。"塾"挨着大门，所以同学就叫"同门"了。

（三）因材施教与举一反三

专心于教育的孔子，是个什么样的老师呢？他如何教导学生呢？

首先，孔子是一个善于因材施教的老师，根据每个学生不同的性格、资质、特点，进行一种"量身定制"的教育。教育的魅力在于相契，当学生接受到格外适合自己的教育时，他的成长也会格外迅速。在《论语》中，有这样一段有意思的对话：

> 子路问："闻斯行诸？"子曰："有父兄在，如之何其闻斯行之？"冉有问："闻斯行诸？"子曰："闻斯行

一起读论语

> 之！"公西华曰："由也问'闻斯行诸'，子曰：'有父兄在'；求也问'闻斯行诸'，子曰：'闻斯行之'。赤也惑，敢问。"子曰："求也退，故进之；由也兼人，故退之。"
>
> ——《论语·先进》

子路来问孔子："老师，我听到一件好事，是不是马上就要去做呢？"孔子听了，微微地摇了摇头："子路啊，你家里还有长辈，父兄都健在，怎么能听到就去做呢？"孔子的意思很简单，你要去征求长辈的意见，不要听了就做，冒冒失失。

过不了多久，冉有也来请教孔子："老师，我听到一件好事，是不是马上就要去做呢？"孔子听了，用力点了点头："对，听到了就去做！别犹豫！"

子路和冉有得到了答案，满意地走了。孔子身边的另一位弟子公西华开始困惑了，同样一个问题，老师怎么给了两个截然相反的答案呢？他忍不住问孔子："子路来提问，您让他咨询父兄；冉有来提问，您却让他不要犹豫——一个问题，答案不同，这是什么原因呢？我想不明白，向您请教！"

说是请教，其实已经有点儿质疑的意思：尊敬的夫子啊，您是不是有点儿"翻云覆雨"呢？

孔子听了，微微一笑，说道："冉求和子路的性格不一样啊。冉求这个人，做事容易有顾虑，经常会退缩，所以我要鼓励他；子路呢，他的勇猛你还不知道吗？胆子大，气概非凡，一个人顶两个人，所以我要拖拖他的后腿呢。"

公西华听了，恍然大悟："哦，原来夫子这是因材施教啊！"

其次，孔子是一个循循善诱、善于启发的老师。我们今天常说，要给学生带来启发，实际上，"启发"这个词正出自《论语》。在《论语》中有这样一句话：

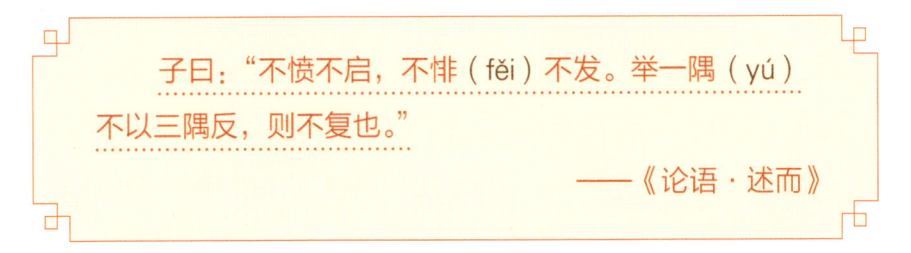

> 子曰："不愤不启，不悱（fěi）不发。举一隅（yú）不以三隅反，则不复也。"
>
> ——《论语·述而》

这句话的意思是，在教育学生的时候，一定要等到他产生了强烈的求知欲，很想表达想法又说不清楚。不到这个时候，就不轻易地启发他。此外，如果学生不能举一反三，灵活运用，也要停下来不再教他，给他领悟的空间。在这句话中，孔子强调了"启发"的重要性。什么是"启"呢？它在古文字中写成这样：

甲骨文

左边是一个"户"，也就是窗户、门户，右边是一只手。后来又添加了一个"口"，表示高声叫门的意思。"启"的本义是开门、开窗，让阳光照射进来，开启学生内心的光明与智慧。

孔子在什么情况下"启发"弟子呢？是不是整天追着他们："来来来，让我启发启发你！"在孔子看来，"启发"一定是有条件的——"不愤不启，不悱不发"。"愤"和"悱"是启发的前提。在这里，"愤"不是生气的意思，而是一种情感的涌动。所谓"愤愤不平""愤愤不已"，都是情感喷薄欲出的状态。在汉语中，"愤"和"坟（坟）"同源，都体现出一种涌动未出的状态。至于"悱"，则是心中思考了许久，想说而说不出的样子。在我们的学习中，都会有这样的体验，一个道理似乎已经明白，但想要表达出来却又张口结

一起读论语

舌，就差那一点儿火候。

"愤"是情感的涌动，意味着对学业的专注认真；"悱"是心知其意，而口不能言，意味着积极的独立思考。具备了这两个前提，孔子才会启发学生。他从来不急着把道理、答案讲出来，而是给弟子们留出足够的时间、空间，让他们自己领悟思考。颜回曾经称赞孔子"夫子循循然善诱人"（《论语·子罕》），孔子不是"填鸭式"教育，而是要引导学生自己寻找答案。

在"愤"和"悱"的基础上，孔子开始启发学生了，鼓励他们举一反三！"隅"是屋角的意思，一个四四方方的房子，里面有四个角，讲了"一隅"的道理，就应该触类旁通，把握其他"三隅"的道理，这是一种由此及彼的智慧。如果学生做不到举一反三，孔子也不着急，只是不再传授新的知识，为他们留出充分的独立思考的时间。

"启发""举一反三""循循善诱"，这些熟悉的词都出自孔子。

知识小贴士：

古人的房屋是什么样儿的？

古代房屋的建筑格局一般由堂、室、房三个主要部分组成。"堂"是整个房屋建筑靠前的部分，往往是敞开式的，"堂"前有台阶，东西两边有楹（yíng）柱支撑，是进行祭祀、接待宾客的地方。"室"位于"堂"的后方，是日常生活起居之处。"室"两旁的建筑叫作"房"，处于整个建筑中靠边的位置。古人进入房屋，先登上台阶，进入"堂";然后再往深处走,进入"室"。成语"登堂入室"就源于这种前"堂"后"室"的建筑格局。一间屋子的四个角落,称作"四隅",它们分别有专门的名称。根据《尔雅·释宫》,西南角叫作"奥",西北角叫作"屋漏",东北角叫作"宧(yí)",东南角叫作"窔(yǎo)"。"四隅"后来引申出四方之义。小小的房屋中,包含着博大精深的文化知识呢!

(四)温故而知新

接下来,我们看一看孔子心目中老师的标准:

> 温故而知新,可以为师矣。
> ——《论语·为政》

这句话我们应该都熟悉,在中学课本中也会学到。一般解释为,在学习的时候,能够温习已有的知识,并且有新体会、新发现,就能成为一个老师了。这样的解释看起来没什么问题,但经不住深入的质疑。记得我的初中老师讲这句话的时候,还鼓励我们:"把学过的课文复习好了,再及时预习新课,你就是一个小老师!"当时我心里就在嘀咕:"温故而知新"没什么了不起的,能复习,能预习,就能当老师了?那谁都可以当老师!

其实,这句话不是孔子在劝学,而是在讲老师的标准,而且是

一个相当高的标准。首先，"可以为师矣"，不是"能够成为一个老师"的意思，而是"符合老师的标准"的意思。何以见得？在《论语》中，凡说"可以为"的，都有"符合某种标准"的意思。比如说：

> "克、伐、怨、欲不行焉，可以为仁矣？"
>
> ——《论语·宪问》
>
> 子曰："若臧武仲之知，公绰之不欲，卞庄子之勇，冉求之艺，文之以礼乐，亦可以为成人矣。"
>
> ——《论语·宪问》
>
> 公叔文子之臣大夫僎（zhuàn）与文子同升诸公。子闻之，曰："可以为'文'矣。"
>
> ——《论语·宪问》

第一句话的意思是，一个人能够避免好胜、自夸、怨恨和贪心，可以算得上仁爱了吧。第二句话的意思是，一个人能够拥有臧武仲的智慧，孟公绰的清心寡欲，卞庄子的勇猛无畏，冉求的精通六艺，再用礼乐来修饰自己，可以符合"完人"的标准了吧。第三句话的意思是，公叔文子能够选拔贤能，让自己的家臣和自己一起做国家大臣，这样的行为，足以符合"文"的谥（shì）号了。在这三句话中，"可以为"都是"符合某种标准"的意思。因此，这句话是针对老师们说的，而不是针对同学们说的。

对老师而言，"温故而知新"是怎样的一种标准呢？清代学者刘宝楠有一种讲法，很耐琢磨：春秋时期，由于教育被贵族垄断，所以"师"不是一般人，多由贵族担任。《尚书大传》中说，古代大夫到了七十岁"致仕"，也就是退休，然后去担任老师。孔子这句话针对的就是"师"这个特殊的群体。对一个老贵族而言，先要"温故"，温习以往的学问，总结一辈子的人生经验；还要"知新"，在人生的迟暮之际能有新体会、新发现——谁说孔子不主张创新呢？

这个标准相当严格！刘宝楠说："进德修业，耄（mào）而好学，故可以为人师也。"一个人的生命始终处在不断充实、升华的过程中，到了晚年，还能"发愤忘食，不知老之将至云尔"，只有这样才有资格为人师表。按照这个标准，恐怕百分之九十九的"师"都不合格，唯一合格的就是孔子！孔子为什么把标准定得这么高？很简单，"师"是要对人负责任的，对时代负责任的，对历史负责任的。在孔子心中，老师这个职业实有乾坤之重！

刘宝楠的解释给我们带来启发，但对"温故而知新"的理解也不能止步于此。在这句话中，我们还要看到孔子的文化追求与学习境界。

什么是"温"？东汉大儒郑玄说："温，寻也。"这个"寻"是个假借字，在《说文解字》中写作"𬮿"，也念xún，意思是"于汤中爚（yuè）肉"，说白了，就是小火慢炖。因此，"温故"是在"故"里面浸润、涵养，今天我们说"温一壶酒"也有这个意思。中国历史上许多大学问家，都在强调学习中的积累与涵养，从而达到"涣然冰释"的境界——我们在电视上见过黄河凌汛，千里冰封，到了开春的时候，厚厚的冰层一点点消融，突然间惊天动地一声巨响，冰面裂开，巨大的冰块缓缓地顺流东下，这就是"涣然冰释"。在中国人看来，通过长期的学习与积累，自然而然地破解复杂的人生难题，让人心里面一下子透亮了，这才是最高明的学问。

什么是"故"呢？《说文解字》："古，故也。""故"有"古"

一起读论语

的意思,你看"古"这个字,上面一个"十",下面一个"口",所谓"十口相传","古"是世世代代口耳相传的文化传统,也就是代代相传的先王之道。孟子曾经说过,尧舜和商汤相隔五百年,尧舜之道,商汤是"闻而知之"——听到的;商汤和周文王也隔了五百多年,商汤之道,文王也是"闻而知之";从文王到孔子又隔了五百多年,文王之道,孔子还是"闻而知之"。先王之道代代口耳相传,仿佛历史长河中不绝如缕的纽带,这正是"十口相传"下来的大道啊。

"温故",是对文化传统的深刻继承;"知新",是在继承基础上的文化创新。在孔子看来,继承与创新从来都是互相推动的。

知识小贴士:

中国古代主张"温故而知新"的名家

中国古人特别看重学习中的浸润涵养,真正的知识与学问不是一蹴(cù)而就的,而是一个耐心细致、久而有得的过程。西晋大学问家杜预曾在其《春秋经传集解序》中写道:"将令学者原始要终,寻其枝叶,究其所穷,优而柔之,使自求之,餍(yàn)而饫(yù)之,使自趋之。若江海之浸,膏泽之润,涣然冰释,怡然理顺,然后为得也。"读书治学,要贯通知识、道理的本末,在一种浸润涵养、优游自得的状态中,自然舒畅,有所收获。北宋大儒程颐曾说:"学者须敬守此心,不可急迫,当栽培深厚,涵泳于其间,然后可以自得。"也认为学习不要过于急迫，要打好功底，涵养熏陶，才能自得于心。南宋著名理学家、思想家朱熹也在给故人的书信中说道："故为学不可以不读书，而读书之法，又当熟读沉思，反复涵泳，铢积寸累，久自见功。"认为读书之法在于熟读经典，深思义理，反复涵泳，耐心积累，久而久之必有大成。我们看到，这些后世所尊崇的大学问家，无一不重视学习中的积累和涵养。

（五）孔门四科

孔子开馆授徒，众多弟子不远千里而来，拜在他的门下。那么，他教给学生什么内容呢？

> 子以四教：文、行、忠、信。
> ——《论语·述而》

孔子教育学生，主要有四方面的内容：文、行、忠、信。 其中，"文"是历代的典籍文献，也就是儒家所学的"六经"——《诗》《书》《礼》《乐》《易》《春秋》。到了秦汉之际，《乐》失传了，"六经"成了"五经"。"行"是社会实践，要把"六经"中的道理落实到现实生活中，运用到具体的工作上；在当时，"行"主要指的是从政、治国的本领。"忠"是忠心待人，"信"是诚信不欺，二者都是道德修养。《论语》中说"主忠信"（《论语·子罕》），一个人的修身要以忠、信为主。

"文、行、忠、信"是孔子教育的基本内容,其中包括了道德教育、实践教育、文化教育三大方面,要培养一个全方面、综合性的人才。需要注意的是,"文、行、忠、信"并不是一个轻重次序,在《论语》中,孔子曾把自己的学生分成四类,也就是著名的"孔门四科":

> 德行:颜渊,闵(mǐn)子骞,冉伯牛,仲弓;言语:宰我,子贡;政事:冉有,季路;文学:子游,子夏。
> ——《论语·先进》

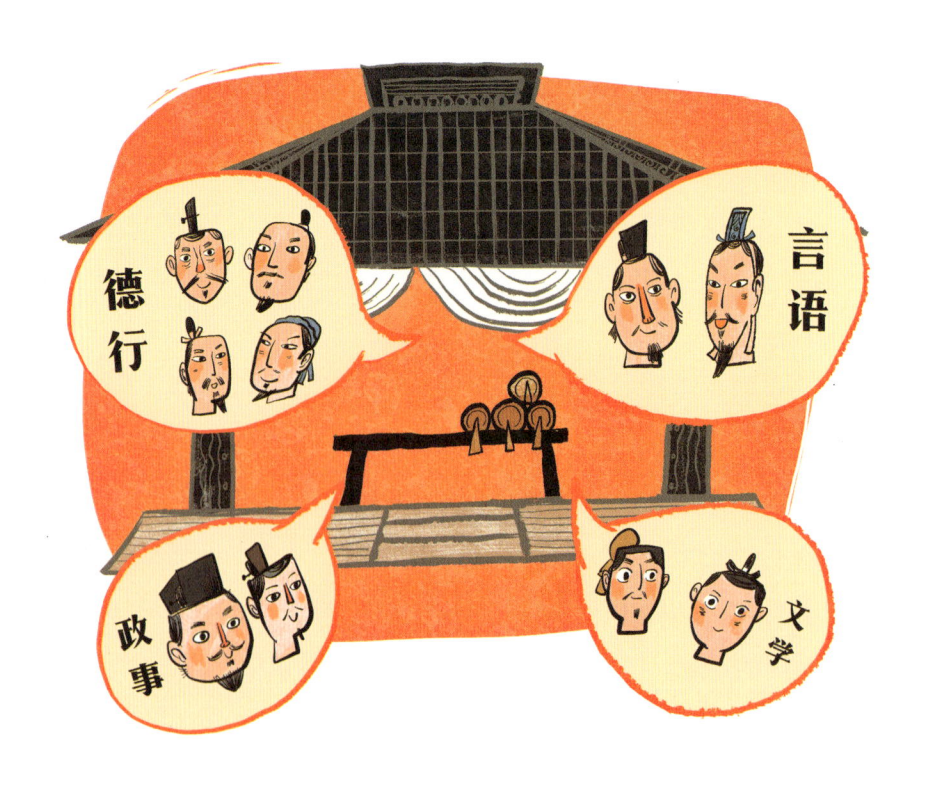

孔门四科，十位弟子，堪称孔子门下的"十大金刚"。颜渊就是颜回，季路就是子路，关于他们的事迹，在《史记·仲尼弟子列传》中都有介绍。其中，"德行"是一个人的道德品行，与"忠信"密不可分。"言语"指的是外交辞令，子贡、宰我在当时都是著名的外交家。"政事"指的是善于治理国家，冉有、子路二人能文能武，都有安邦定国之才。"文学"指精通古代文献，子游和子夏都是专家学者型的人才。在这里，"文学"与"文"相对，"言语"和"政事"与"行"相对，"德行"与"忠信"相对，孔门四科与"文、行、忠、信"贯通为一。

孔门四科的次序，是一个由重到轻、由本及末的次序。孔子以道德教育为根本，其次是实践能力的培养，最后才是文献教育。一句话：德重于才！没有道德力量的支撑，拥有再大的能力、再多的知识，都有可能迷失方向。司马光在《资治通鉴》中说："才者，德之资也；德者，才之帅也。"又说，"自古昔以来，国之乱臣，家之败子，才有余而德不足，以至于颠覆者多矣！"都是这个道理。

在中国历史上，孔子的这一态度影响深远，"德重于才"是中国古人基本的人才观。

知识小贴士：

"五经"与"四书"
——中国古代士人的必读书单

"五经"是《诗》《书》《礼》《易》《春秋》五部先秦典籍的合称。汉武帝在太学设立"五经博士"，从国家的层面确立了"五经"的崇高地位。从此，"五经"成为中

一起读论语

国古代士人的必读书目。后来，南宋大儒朱熹从《礼记》中摘出《中庸》《大学》两篇，与《论语》《孟子》合编在一起，分章断句，加以注释，著成《四书章句集注》，由此有了"四书"之称。元代将"四书"列为科举考试的主要依据，"四书"遂成为参加科举考试的士子们所必须精研的对象，甚至在地位上超过了"五经"。"五经"与"四书"是中华文化的核心，奠定了中华民族的精神血脉。

（六）孔子如何教育小朋友

在孔子的弟子中，不仅有颜回、子路、子贡这样的大弟子，也有年幼的小弟子们。孔子的"因材施教"，也体现在根据学生不同的年龄特点进行教导。孔子是如何教育小朋友的呢？在《论语》中，有这样一句话：

> 子曰："弟子入则孝，出则弟，谨而信，泛爱众而亲仁。行有余力，则以学文。"
>
> ——《论语·学而》

"弟子"指的不是学生，而是年纪幼小的人——这句话是针对小朋友和初学者说的。孔子说："后生小子，在家孝顺父母，出门敬爱兄长，谨慎而守信，博爱大众，亲近有仁德的人。这样努力实践之后，如果行有余力，再去学习礼乐文章。"具体来说，"入"是在家，"出"是外出，"弟"是"悌"的假借字，也就是敬爱兄长的意思。"入则孝，出则弟"，无论在家还是出门在外，作为一个年轻人，都要孝顺父母、敬爱兄长。这也就是孔子弟子有子说的"孝弟也者，其为仁之本与"（《论语·学而》）的道理——孝悌是"为仁"的根本，自然也是修身的根本。

"谨"是谨慎。做人要谨慎，不能放逸，要善于自我约束。此外，还要做到诚实守信。在儒家看来，那种千金一诺的人还算不上"大信"。孔子说："言必信，行必果，硁（kēng）硁然小人哉。"（《论语·子路》）"硁硁"是石头坚固的样子，形容一个人浅陋固执。为什么"言必信"就成了小人了呢？要知道，真正的"大信"一定要与道义相合，要是没有自己的主心骨，不分青红皂白地去守信，很容易被人利用，当了"凶器"还浑然不觉，不是小人是什么？因此，有子还说过一句话："信近于义，言可复也。"（《论语·学而》）"复言"是实践诺言的意思——真正的信用，一定是建立在道义的基础上的。

"谨而信"是一个人的自我修养，接下来，他还要向着仁道的方向不懈努力。"泛爱众，而亲仁"，博爱大众，并且亲近有仁德的人。最后，"行有余力，则以学文"，深入学习经典文献中的知识与道理。

在这句话中，我们看到"弟子"由己及人、由家庭到社会的修

一起读论语

身次第。只要循序渐进，层层深入，每一个小朋友都能成长为道德君子。到了后代，还有人根据这句话，编写了《弟子规》一书。对"弟子"而言，孔子提倡的修身次第也是"先德后才"的，先要树立人格、完善道德，然后再学习各种本领，这种态度也是值得我们思索的。

知识小贴士：

"三百千"——中国古代的童蒙教材

在古代，小朋友们刚入学的时候，学习的主要是基本礼节、识字算术等基本内容，由此产生了相当丰富的童蒙教材。其中，"三百千"，即《三字经》《百家姓》《千字文》，最为脍炙人口。《三字经》的作者是南宋学者王应麟，它由朗朗上口的三字句组成，涵盖天文地理、历史哲学、伦理道德等诸多内容，堪称小朋友启蒙的"百科全书"。《百家姓》编成于北宋年间，收录了近五百个姓氏，可以帮助小朋友们熟悉日用的姓名常识。《千字文》则由南朝梁学者周兴嗣编成，包含了"天地玄黄"等一千个不同的字，同样蕴藏了丰富的古代文化知识。"三百千"作为中国古代最负盛名的童蒙教材，千年来哺育了无数的小朋友，载着他们进入文化的典雅殿堂。即使是今天的我们，也可以从中收获良多！

（七）生死相依的颜回

介绍了孔子的教育理想与教育方法，接下来，让我们走进孔子的课堂，看一看他和弟子之间发生了哪些精彩而有趣的故事。

在孔子的众多弟子中，他最欣赏的一个人是谁呢？我们可以毫不犹豫地说："颜回！"颜回字子渊，比孔子小三十岁，他跟随孔子读书的时候，还是十三四岁的少年。颜回出身贫寒，瘦瘦小小的，也不太爱讲话，但孔子很快就发现了他的深思好学。在《论语》中，有不少孔子称赞颜回的话：

> 子曰："回也，其心三月不违仁，其余则日月至焉而已矣。"
> ——《论语·雍也》
>
> 子曰："吾与回言终日，不违，如愚。退而省其私，亦足以发，回也不愚。"
> ——《论语·为政》
>
> 子谓颜渊，曰："惜乎！吾见其进也，未见其止也。"
> ——《论语·子罕》
>
> 子曰："贤哉，回也！一箪食，一瓢饮，在陋巷，人不堪其忧，回也不改其乐。贤哉，回也！"
> ——《论语·雍也》

孔子主张仁道，在他看来，只有颜回才能在心中长期保持仁爱——"三"有表示众多的意思，所谓"三月"，指的是时间很长。至于其他弟子，也就只能坚持十天半个月而已。在日常教学中，孔

一起读论语

子和颜回的交流最多，有时候一谈就是一整天。颜回呢，从来不反驳孔子说的话，也不怎么接话，只是"呆呆"地点头，看上去傻傻的。但孔子清楚，颜回一点儿也不傻，根据他的观察，颜回对自己的教导能够透彻理解，发挥自如，这是一个有大智慧的年轻人！因此，孔子评价颜回说："这么多年，我只看到他不断进步，从来没有看到他停下脚步。"这种修身立德、奋发向上的气象，真有"君子以自强不息"的境界了。此外，颜回家里虽然贫穷，但却能"不改其乐"。孔子感慨道："每天一竹筐饭，一瓢凉水，住在简陋的小巷子里，别人也许不堪忍受，颜回却保持着君子的乐观与旷达。颜回真是一个贤德的人啊！"

在《论语》中，孔子从没有这样称赞过其他弟子，可以说，颜回是孔子心中的"唯一"。孔子欣赏颜回，颜回也格外尊重孔子，师生二人有一种生死相随的真挚情谊。在孔子被匡人围困时，有这样一件感人的事：

> 子畏于匡，颜渊后。子曰："吾以女为死矣。"曰："子在，回何敢死？"
> ——《论语·先进》

"女"是"汝"的通假字，即"你"的意思。孔子在匡城被人误会，被围了个水泄不通，当时情况紧急，子路挥舞着长剑，差点儿要冲过去拼命。兵荒马乱中，颜回丢了。后来误会挑明，孔子一行心有余悸，匆匆离去。一路上孔子不住地回头张望："颜回啊，你在哪儿呢……"

突然间，草丛中"哗啦啦"一阵乱响，钻出一个蓬头垢面的人来，子路吓得一机灵："有贼！"拔剑便砍。孔子一把拉住子路，定睛一看："颜回！"

孔子说："回啊，我以为你已经死了啊！"

"子在，回何敢死？"——老师，您还活着，我怎么敢死呢？这话听着有点儿别扭，颜回什么意思？孔子活着，自己就不敢去死，好像有什么不共戴天之仇似的。其实，颜回的这句话有两层含义。

一起读论语

首先，颜回追随孔子，是为了实现共同的理想。孔子壮志未酬，自己的生命还要留着继续追随老师，怎么能轻易死去呢？为了师生共同的使命，在兵荒马乱中，我们一定要活下去啊！

其次，古代父母在世的时候，子女是不敢轻易赴死的，要留着性命孝养父母。所以，管仲老母在堂，三次从军都当了逃兵；战国时韩国的大侠聂政，严仲子请他刺杀韩相侠累，百般殷勤都未曾应允，直到老母去世，才慨然出手。颜回说"子在，回何敢死"，是把孔子当作父亲了。

这就是孔子和颜回之间的师生深情，生死相随，赤诚相照。这份真挚的情谊，建立在他们共同的理想之上。理想，是维系师生关系的纽带！

知识小贴士：

一日为师，终身为父

常言道："一日为师，终身为父。"尊师重道，是我们的传统。儒家把"君""父""师"视作"三尊"，在古人心目中，老师的地位，几乎可以和父亲比肩。《吕氏春秋·尊师》篇中说道："生则谨养，死则敬祭，此尊师之道也。"在世时要恭敬地加以侍奉，死后要恭敬地进行祭祀，这是孝顺父母之道，也是尊师之道。这下，我们更能理解颜回"子在，回何敢死"中的深情了吧？

（八）子贡的切磋琢磨

说完颜回，我们再看子贡。子贡名叫端木赐，字子贡，他富可敌国，才华横溢，是鼎鼎有名的大外交家、大商人，堪称当时的国际知名人士。当初孔子陈蔡绝粮，七天七夜没有烧火做饭，最后还是子贡出面，找到楚国军队斡旋，才转危为安。尽管这样，子贡的道德学问还是比不过颜回，时间久了，他心中难免有些不服气。在《论语》中，记载了这样一番师生对话：

> 子贡曰："贫而无谄，富而无骄，何如？"子曰："可也。未若贫而乐，富而好礼者也。"子贡曰："《诗》云：'如切如磋，如琢如磨。'其斯之谓与？"子曰："赐也，始可与言《诗》已矣，告诸往而知来者！"
>
> ——《论语·学而》

子贡问孔子："夫子，如果贫穷的人不谄媚，不随便讨好人；富有的人不骄傲，不随便欺负人，您觉得怎么样？"这个问题很有意思，有钱而不骄傲自大，恐怕是子贡在说自己，他完全当得起一个"富"字；至于贫穷而不谄媚，显然和子贡没关系，很有可能说的是颜回——子贡不仅是在问问题，更是要掂量一下自己和颜回在孔子心目中的分量，谁才是夫子最欣赏的学生！

子贡这番话说得很不错，但还不是君子的最高境界。"贫而无谄，富而无骄"，仅仅是免于谄媚、骄傲的毛病，并没有更为深远的道德追求。因此，孔子只是淡淡地说了一句"可也"，还不错。在肯定了子贡的想法后，孔子立刻提出了更高的标准——要"贫而乐道，富而好礼"（许多《论语》的研究者都认为，"贫而乐"的实质是"贫而乐道"）。问题来了，在讲"孔颜乐处"的时候我们说过，颜回早已做到了"不改其乐"，是安贫乐道的好榜样。至于子贡呢，他恐怕还做不到"富而好礼"，仅仅是"富而无骄"而已，他和颜回的差距可不小！

听了孔子的评价，子贡也意识到自己的修养与颜回还有差距。但他不吃醋，不气馁，而是信心满满地说："夫子，《诗经》中说：'如切如磋，如琢如磨。'是这个意思吧？"咦，话说得好好的，子贡为何突然要朗诵《诗经》呢？原来，这是古人重要的交往方式，通过诵诗来委婉地表达自己的志向和想法，叫作"赋诗言志"。在这句诗里，切、磋、琢、磨是四种行为，"切"是把骨头加工成工艺品，"磋"是加工象牙，"琢"是加工美玉，"磨"是加工石头，四个字都是反复打磨、精益求精的意思。

聪明的子贡领会了孔子的意思，自己还有不足，但他志气昂扬，表示一定要努力学习，不断进步："对待器物，要精雕细琢、反复打磨，修身治学也是如此，我要追求更为高远的境界！"孔子看到子贡的志气，也看到他能够对《诗经》活学活用，非常欣慰！什么是举一反三、学以致用？子贡就是个好榜样！孔子笑着对他说："子贡啊，现在我可以跟你一起讨论《诗经》了，告诉你一件事的结果，你就知道起因，你已经能够举一反三了！"

子贡在切磋琢磨中不断增长道德学问，不久，他又来问孔子了。

子贡问曰："赐也何如？"子曰："女，器也。"曰："何器也？"曰："瑚琏也。"

——《论语·公冶长》

"赐"是子贡的名字，"女"是"汝"的通假字，就是"你"的意思。子贡问道："夫子，您觉得我现在的修养如何？达到了怎样的境界呢？"孔子想了想说："你啊，是一个'器'！""器"有器具、器物的意思，这个评价很有意思，难道说孔子觉得子贡是个罐子或是什么其他器具吗？

　　子贡心里清楚，任何器物都有自己的功用，孔子是在肯定自己是一个有用之才。于是，他继续问孔子："那您觉得我是一个什么样的'器'呢？"孔子说："你是瑚琏啊！"

　　瑚琏之器，非同小可，那可是宗庙祭祀的宝器！在古代祭祀时，用瑚琏来盛放黍（shǔ）稷，这是十分尊贵的礼器。孔子认为子贡能够担当重任，成为国家庙堂上的栋梁之材，便用"瑚琏"来形容他，这是一个相当高的评价。

　　据说，子路听说了这个评价，还给子贡起了个绰号——"端木瑚琏"！

　　尽管有这样高的评价，但也并不意味孔子认为子贡是尽善尽美。过了不久，他又对子贡说："君子不器。"（《论语·为政》）为什么先用"瑚琏"肯定子贡，再对他说"君子不器"，难道孔子认为子贡不是君子吗？

　　当然不是！孔子还是在勉励子贡。在"君子不器"这四个字里面，蕴含着三重深意。

　　首先，在中国文化中，"器"与"道"是相对而言的。《易经·系辞》中说"形而上者谓之道，形而下者谓之器"，大体来说，

一起读论语

"器"指的是物质的层面,"道"指的是精神的层面。所谓"君子不器",指的是君子不能局限于物质生活,一定要发展出精神的深度。一个人有没有精神的追求,恰恰是君子和小人的分界线。孔子说"君子不器",是在勉励子贡,要树立起对大道的追寻!

其次,"器"的功能非常有限。擀面杖不能用来切菜,菜刀不能用来擀饺子皮,你非要说我是万能钥匙,那你削个土豆皮试试?所以说,"君子不器"强调的是君子要有通才,君子之学是贯通之学。子贡虽然善于外交,长于理财,但孔子依旧勉励他,要有更为丰富多样的本领,就像自己一样,"多能鄙事"!

最后,"器"是容易被人操纵的。一把锋利的尖刀,用来切西瓜是"利器",用来杀人就成了"凶器"。人也一样,一个人缺乏独立的人格操守,纵然有通天的本事,也很容易沦为"凶器"。最典型的例子是吕布,三国第一猛将,人中吕布,马中赤兔,一杆方天画戟天下无敌。结果呢?先是跟着董卓助纣为虐,后来为了貂蝉又把董卓杀了,一辈子被各路人马拿过来当枪使,用张飞的话叫"三姓家奴"。而君子呢?不仅要有本领,更要有把握住自己命运的智慧和节操,君子要把人生的方向盘握在自己手里。

讲完了"君子不器"的三重含义,我们看到,儒家修身的步骤,一定是先"成器",然后再"不器"的——"君子不器"是一个很高的修养标准。孔子对子贡的教导,真是循循善诱,不断引领,既要随时肯定他的优长,又能不断点出他的不足。子贡深知孔子之意,积极地切磋琢磨,不断走向君子的高境界。对我们来说,上学读书学本领,都是为了"成器",成为国家社会的栋梁与榜样。"成器"的道路很漫长,有朝一日,当你真的成为大器,也不要忘了在"成器"之上,还有一个"不器"的境界。

知识小贴士：

古代食器——下得厨房，上得厅堂

"瑚琏"是盛放黍稷的食器，也是祭祀场合重要的礼器。在古代，还有许多这样"下得厨房，上得厅堂"的器具呢！"鼎"是古代食器中最重要的一种，有三足圆鼎与四足方鼎两类，可以用来煮牲、鱼、腊等肉食。与此同时，它也是国家和权力的象征，被赋予"显赫""尊贵""盛大"等含义，如一言九鼎、大名鼎鼎、春秋鼎盛等。簋与鼎通常配合使用，有着敞开的大圆口与鼓鼓的肚子，主要用来盛放黍稷一类的主食。北京有条美食街叫"簋街"，用的就是这个字。"豆"也是常见的食器，形状像高脚盘，可以盛放黍稷，也可以在宴会上盛肉酱、肉羹之类。这些器物在各大博物馆里多有展出，在闲暇的时候，不妨开启一趟奇妙的博物馆之旅！

（九）朽木不可雕的宰予

在孔子的学生中，还有一些"不靠谱"的家伙，孔子也会毫不客气地批评他们。"温良恭俭让"的孔夫子也会"训学生"吗？不信你看：

一起读论语

宰予昼寝。子曰："朽木不可雕也，粪土之墙不可杇（wū）也。于予与何诛？"子曰："始吾于人也，听其言而信其行；今吾于人也，听其言而观其行。于予与改是。"

——《论语·公冶长》

孔子有个弟子叫宰予，有一天他在"昼寝"——白天睡觉。孔子看见了很生气，甩下一句："朽木不可雕也，粪土之墙不可杇也。于予与何诛？"扭头走了。"杇"是刷墙，"诛"是批评，所谓"口诛笔伐"。这句话的意思是，腐朽的木头没法雕刻，粪土一样的烂泥墙没法粉刷，宰予这样无可救药的人，我批评他有什么意义呢？

问题来了，不就是白天睡一觉吗，至于批得这么狠吗？还记得上学的时候，我们写作业时不时要到十一二点，第二天上课的时候，有时难免会打瞌睡，难道我们都是"朽木"？有了误会，就会有人翻着花样地解释这句话。比如有人认为这句话是孔子体恤学生——宰予体质不好，像"朽木""粪土之墙"一样，所以就不忍心批评他了……

根据经验，在《论语》中出现那些众说纷纭、大量"新解"的地方，常常说明已经有人读不懂《论语》了。这个时候，本着"知人论世"的态度，从先秦的语言文字出发，从孔子的人生历程出发，从春秋的时代背景出发，你会发现，那些朴实、平易的解释，往往是最为贴近孔子的，也是最符合人情事理的。以这句话为例，想要弄清楚孔子为什么生那么大的气，先要了解古人的生活习惯。

首先，古人很少熬夜，点灯费油，更费眼睛，他们一般都是"日出而作，日入而息"。《左传》记载齐桓公去大臣家里饮酒，天黑了还不尽兴，想要夜以继日，点上火把接着喝。按常理大臣应该让桓公尽兴，但他却进谏桓公说："晚上喝酒，是吉是凶，我还没来得及占卜，您还是回宫吧！"把齐桓公"顶"了回去。这个故事告诉我们，熬夜是违背古人的生活习惯的。因此，《古诗十九首》中形容人要及时行乐，说"何不秉烛游"——汉人心中的尽情享乐，无非

一起读论语

是熬夜游玩而已。

其次，古人做饭是件很麻烦的事情。他们一天只吃两顿饭，早上约九点吃一顿，称为"朝食"；下午约四点再吃一顿，称为"餔（bū）食"。古人吃饭的礼节格外烦琐，在《仪礼》中记载，春秋时期国君宴请大臣，从进门之前就要磕头行礼，上台阶也要彼此跪拜。主人敬客人酒，客人回敬，主人再敬回去，这个过程称为"一献之礼"。简单计算一下，"一献"之中主人要磕十一次头，客人是十次。在最隆重的典礼中，竟有"九献"之多，一顿饭要磕九十多个头，真有一种"膝盖中箭"的感觉！这是正式场合，平常吃饭虽然没有这么麻烦，但规矩也少不了。

睡眠充分，吃饭又占时间，因此，古人除了生病以外，白天是不允许睡觉的，否则一天什么事都做不了。《礼记》中说"夫昼居于内，问其疾可也"，看到白天睡觉的人，是可以去询问他的病情的。那么，让我们看一看宰予同学的作息时间表吧：九点钟吃饭，十点半吃完饭，十一点钟睡觉，两点钟起床，四点钟吃饭，吃完饭不久接着睡，真是吃饱了睡，睡醒了吃……要是你碰见这样的学生，生不生气？

而且，宰予应该是提前说过大话："老师，我要成为您最刻苦的学生！""老师，我每天要学习四个时辰！"所以，孔子才会在最后感慨道："一开始，别人说了什么，我就相信什么；现在，别人说了什么，我一定要考察一下。从宰予这里，我改变了这种态度。"他是在由衷慨叹，对熊孩子的话还是要考察一下啊……

理解了历史背景，才能更好地理解孔子。他不是乱发脾气，而是批评那些懒惰的、言行不一的学生。孔子是一个严格而称职的老师。

知识小贴士：

十二时辰中的古代生活

我们现在是二十四小时制，古人则用十二时辰来记录时间。十二时辰有两种命名方式：第一种方式是用十二地支来命名，第二种方式则是赋予不同的时辰专门的名字。

时间区间	以十二地支命名	专名	时间区间	以十二地支命名	专名
23：00-01：00	子时	夜半	11：00-13：00	午时	日中
01：00-03：00	丑时	鸡鸣	13：00-15：00	未时	日映
03：00-05：00	寅时	平旦	15：00-17：00	申时	舖时
05：00-07：00	卯时	日出	17：00-19：00	酉时	日入
07：00-09：00	辰时	食时	19：00-21：00	戌时	黄昏
09：00-11：00	巳时	隅中	21：00-23：00	亥时	人定

你有没有发现这些名字中的奥秘呢？日出、隅中、日中、日映、日入，这组名称都和太阳运动有关。前面说过"隅"本义是屋子的角落，引申出边缘、旁边的意思，隅中就是靠近日中；日映得名于下午花草树木因为太阳照射，而在地上映出形态各异的影子。夜半、平旦、黄昏，这组名称都和光线变化有关。夜半是夜深人静最漆黑的时刻，平旦是太阳升起前露出光晕的时刻，黄昏是太阳落下月亮升起的时刻，这时天空被染得昏黄。鸡鸣、食时、舖时、人定，这组名称和人的生产生活有关。古人最初一天吃两顿饭，早上那顿叫朝食，早饭的时间段就是食时；傍晚那顿叫舖食，晚饭的时间段就是舖时。

一起读论语

（十）师徒茶话会

孔子注重立志，经常和弟子一起讨论人生理想。理想，照耀着生命的方向。有一天，孔子、子路、颜回三个人坐在一起，孔子问起了他们的志向。

> 颜渊、季路侍。子曰："盍各言尔志？"子路曰："愿车马衣轻裘与朋友共，敝之而无憾。"颜渊曰："愿无伐善，无施劳。"子路曰："愿闻子之志。"子曰："老者安之，朋友信之，少者怀之。"
>
> ——《论语·公冶长》

孔子看看自己的两个得意门生，对子路和颜回说："谈谈自己的志向吧，怎么样？"子路是个急性子，一听老师发问，张口就说："我的车马、衣裘和朋友们一块儿分享，用坏了也无所谓！"（根据学者刘宝楠考证，"衣轻裘"中"轻"是后人在传抄中加上的，古时称"衍文"，应该删去。）子路的性格非常豪爽，对古人来说，车马、衣裘都是贵重的财产，但子路看得开——宝马名车随便开，开沟里都无所谓，裘皮大衣尽管穿，穿破了哥们儿不在乎！真叫一个仗义疏财。子路这种人特别适合交朋友，够义气！

义气归义气，子路的志向显得有点儿"浅"，深度不足。颜回就不一样了："无伐善，无施劳。""伐"是夸耀，"施"是表白——不夸耀自己的长处，不表白自己的功劳。所谓"君子求诸己"，颜回的志向是一种高度的自我修养。

一个人有本事、有功劳，很容易产生自尊自大的心理。历史上

这样的例子不少，比如唐太宗的爱将尉迟敬德。他武勇盖世，对李世民忠心耿耿，最关键的是，他是帮助李世民发动"玄武门之变"的大功臣，李世民的二哥李元吉就是他一箭射杀的——保驾定主之功，一般人没法比。但他功劳大，脾气更大，《新唐书》说尉迟敬德"颇以功自负"，经常在朝廷上责怪其他大臣，和宰相闹意见，甚至还经常打人。

一次李世民大宴群臣，有人坐他上首，他不干了，指着鼻子质问人家："尔何功，坐我上？"你有什么功劳，凭什么排在我前面？如此嚣张，任城王李道宗看不下去了，站起来劝他："敬德啊，给我个面子，咱别较劲行不？"谁料尉迟敬德牛眼一瞪："你敢管我？你小子算老几！"一拳抡过去，李道宗的眼睛差点儿给打瞎了。

问题是，李道宗可不是普通人，他是开国重臣，战功赫赫，按辈分是李世民的堂弟，能随便打吗？李世民也下不来台，一怒之下，罢宴——不吃了，把尉迟敬德喊来一顿臭训："我读汉朝的历史，一直觉得汉高祖诛杀韩信、彭越这些功臣，太过分了。但今天看你的表现，才知道刘邦也有他的道理。'国之大事，惟赏与罚'，法外开恩的事情没有几次，你小心点儿吧！"话说到这个份儿上，尉迟敬德胆子再大，也只得磕头认罪了。

"伐善""施劳"，人所难免，各朝的开国功臣很难有好下场，与这种心态不无关系，那些得以善终的大臣们，则多半要韬光养晦。当然了，韬光养晦和"无伐善，无施劳"不是一个境界，前者是为了保命在皇帝面前装可怜，颜回的志向则体现出君子的修养——"善"也好，"劳"也好，都把它视为应当应为的事情，君子为善是自己的本分，自然没什么好夸耀的。

颜回说完了，孔子点了点头："不错！"子路突然发话了："您的志向又是什么呢？"子路就是这么直率，估计他心里想的是："别光问我们了，我也问问您吧。"我们要感谢子路的直率，在《论语》中，孔子说过"志于道"，说过"志于仁"，但这里是他唯一一次详细地介绍自己的志向。

"老者安之，朋友信之，少者怀之。"这句话是一个使动句，朱熹在《四书章句集注》中有一个解释："老者养之以安，朋友与之以信，少者怀之以恩。"对待老年人，要照顾他、赡养他，让他安度晚年；对待朋友、对待平辈的人，要信任他，更让他能信任自己；对待年轻人，要关怀他，让他感受到来自长者的温暖。

这句话说得很朴实，但境界上比颜回又高了一层。颜回强调自我修养，孔子亦然，没有自我修养，能够让老者安、让朋友信吗？但在自我修养的同时，孔子更要将仁爱播撒出去，普施大众。要知道，世间无非是三类人：比我年长的，和我年龄差不多的，比我年轻的。这三类人囊括了一切大众，孔子对他们都要有一种真切的感通，有一种实实在在的关怀——这不正是"仁"的理想吗？

孔子师生三人的这番对话，实在精彩，三个人代表了三重境界：子路是豪杰的境界，颜回是君子的境界，孔子是仁者的境界。三种境界可谓做人的三个阶梯。在修身之路上，孔子展现出一种永无止境的气象。

知识小贴士：

儒家"尊老爱幼"的思想

孔子的梦想是"老者安之，朋友信之，少者怀之"，这短短十二个字，蕴含着孔子对社会深深的关切，也传递出儒家尊老爱幼的思想。孔子之后，孟子也有类似的表述。据《孟子·梁惠王》记载，齐宣王问孟子怎样才可以成为天下之王，孟子提出"老吾老，以及人之老；幼吾幼，以及人之幼"——尊敬自己的长辈，并把这份尊敬推及别人家的长辈；爱护自己的幼辈，把这份爱护推及别人家的幼辈。儒家尊老爱幼的背后，是一种推己及人的思想，是一份人与人之间的同理心。孔子说"己所不欲，勿施于人"，换位思考，你不想要的，却强加给别人，这样好吗？孟子说，一个小孩在井边玩耍，眼看就要跌入井中，路过井边的人见到这样的情景，都会想要救助这个孩子，这是人与生俱来的"恻隐之心"。尊老爱幼，既是人性情感的自然流露，也是我们应当努力遵循的信念。

一起读论语

（十一）历史新纪元

最后，我们讲一讲孔子教育事业的历史意义。在《论语》中有这样一段话：

> 仪封人请见，曰："君子之至于斯也，吾未尝不得见也。"从者见之。出曰："二三子何患于丧乎？天下无道也久矣，天将以夫子为木铎（duó）。"
>
> ——《论语·八佾》

"仪"是地名，"封人"是把守边疆的官名。什么是"封人"呢？前文中我们已了解到"封"是一个会意字，表示种树的样子。"封建"这个词，它最初的意思是"分封建国"，在周代建国之初，把亲戚、重臣分封到全国各地，用来镇守疆域。分封诸侯的时候，在国界线上种树，用来划分各国的疆界。《说文解字》中"封，爵诸侯也"，就是这个意思。我们熟知的《水浒传》中好汉劫道，口喊"此山是我开，此树是我栽"——某种意义上也有"封建"的意味。到了后来，各路诸侯征战不休，国境线早就超出"封建"时期的那片防护林了，但管理边疆的官员还是叫"封人"。

这位"仪封人"是一位贤者，他说"四方君子，路过此地，我没有没见过的"，因此请求和孔子见面。孔子的"从者"——

弟子们安排他和孔子见面，会面结束后，仪封人说："你们几位何必着急没有官位呢（'丧'是失掉官位的意思），天下无道，由来已久，上天是要让孔夫子成为全天下的'木铎'啊！"

木铎是一种很大的铜铃，中间的舌头是木质的，所以叫木铎。在中国古代，官府想要召集民众，就敲响木铎，唤大家来听。

"天将以夫子为木铎"，意思是上天要让孔子振起黄钟大吕之声，来唤醒人心，唤醒民众，唤醒这个混沌颠倒的世界。无独有偶，古希腊大哲苏格拉底也以唤醒国家民众为己任，他说雅典是一头笨重、慵懒的大马，自己是上天派给雅典的一只牛虻，来刺醒这只笨马。你看，牛虻和木铎的作用不是很像吗？但还是《论语》中的比喻更有气势。

事实上，孔子也做到了，他在讲坛上的谆谆教诲，不正是那悠远宏大的木铎金声吗？！我们千万不要小瞧了孔子平民教育的历史意义，孔子周游列国，飘零海内，从事功上来看，他是一个失败者，惶惶如丧家之犬。但通过平民教育的不懈实践，他对中国历史又产生了极其深远的影响。在孔子的努力下，贵族珍藏在宗庙中的知识文化，第一次成为了人类共享的精神财富。孔子号称"弟子三千"，当这三千弟子走出师门，走向中华大地的时候，又将在民间培育出多少人才！从这个角度上，孔子又是一个前所未有的成功者！

星星之火，可以燎原，到了战国之际，中国古人的智慧犹如火山喷发，诸子百家异彩纷呈。在此后的历史上，贵族再也不能垄断权力与文化，几千年来民间不断涌现出的人才志士，向来是中国历史的动力与脊梁！求其根本，正在于孔子当年的平民教育。因此，国学大师章太炎评论孔子说："孔子所以为中国斗杓（biāo）者，在制历史、布文籍、振学术、平阶级而已。"想要理解孔子在历史上泰

一起读论语

山北斗一样的功绩，必须要从他的教育事业出发，真是深得要领。

可以说，孔子是中国的普罗米修斯，他从贵族的神坛上抢来火种，洒向人间。从孔子开始，德行与智慧的光芒才真正照耀在中华大地的万里河山。

知识小贴士：

孔子与"百家争鸣"

在周代早期，文化知识为贵族上层所垄断，称作"学在王官"，普通人并没有接触、学习这些典雅文化的权力。直到孔子开办私学，将文化传播到民间，促生了一大批来自平民阶级的知识分子或士人，才有了战国时代"百家争鸣"的局面。《汉书·艺文志》将战国诸子概括为"九流十家"。"九流"指儒家、道家、阴阳家、法家、名家、墨家、纵横家、杂家、农家，加上小说家共为"十家"。其中，墨家、阴阳家衍生于孔子的儒家，而道家、法家则与孔子及其后学的主张针锋相对。可以说，春秋战国时期最重要的思想流派，都与孔子有着密切关联。"百家争鸣"奠定了中国两千多年传统思想的基础，孔子则是开启"百家争鸣"的关键人物。《文心雕龙·原道》评价孔子道："木铎起而千里应，席珍流而万世响。"夫子"木铎金声"对中国文化的贡献，真可与日月同辉、天地同光。

五、孔子的思想世界

孔子是中国古代最伟大的思想家，让我们走进孔子的思想世界。

仁爱，是孔子思想的核心，什么是仁道的真谛呢？什么又是仁道的起点呢？一个仁慈的人，会不会有些胆小怕事呢？在孔子眼中，如何修身立德？什么是真正的君子？我们该结交怎样的朋友？又该如何治理一个国家呢？

（一）孔子论仁

走进孔子的思想世界，先要从"仁"说起。俗话说："孔曰成仁，孟曰取义。"孔子之道的关键在于"仁道"。在《论语》中，有不少"道"与"仁"相对应的地方。举四个例子：

其一，孔子提倡"就有道而正焉"，又主张"而亲仁"（《论语·学而》），两句话意思是一样的，亲近"有道者"即亲近"仁者"。

其二，孔子说"仁者爱人"，又说"君子学道则爱人"（《论语·阳货》），君子"学道"是为了成为"仁者"，"道"自然是仁道。

一起读论语

其三，孔子说"朝闻道，夕死可矣"（《论语·里仁》），又说"有杀身以成仁"（《论语·卫灵公》）。值得让一个人为之付出生命的东西，是"道"，也就是"仁"。

其四，孔子告诉子贡要"贫而乐道"，还说过一句话叫"不仁者不可以久处约"（《论语·里仁》）。这句话有点儿绕，"约"是贫困的意思，反过来说就是"唯仁者可以久处约"——让君子能够安守贫困、不改其乐的那个东西，是"仁"，也就是"道"。

四个例子体现出《论语》思想的内在关联。在《论语》中，很多话可以互相证明与启发，我们称为"经典中的内证"。读《论语》，读任何一部经典，都要善于把握内证，你会发现每部经典都是个完整的世界。孔子有很多种"道"，心灵之道、处世之道、理想之道、人生之道，但这些"道"一定要归结到仁道上来。仁，是孔子之道的核心！

什么是"仁"呢？在《论语》中，孔子有一个清晰简要的说明：

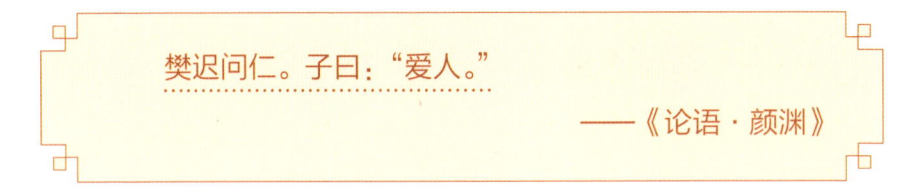

> 樊迟问仁。子曰："爱人。"
>
> ——《论语·颜渊》

"仁者爱人！"掷地有声的四个字。"仁"不需要惊天动地的功业、盖世无双的才华，而是要"爱人"，对家人、朋友、民族乃至整个人类，有一种悲悯、恻隐的情怀。正因如此，"仁"不是由外而内的，它扎根在我们每个人的心中，关键在于能不能发现自己心中的那份"仁"。"仁"是内在的，有意思的是，你看花生仁、杏仁、核桃仁，不也都是"内在"的吗？这就是汉语的魅力所在。

仁者如何爱人呢？关于"仁"的深层含义，孔子和曾子之间有一番对话：

> 子曰："参乎！吾道一以贯之。"曾子曰："唯。"子出，门人问曰："何谓也？"曾子曰："夫子之道，忠恕而已矣。"
> ——《论语·里仁》

曾子名叫曾参，是《大学》的作者，也是孔子之后重要的大儒。在这段对话中，他还是个二十多岁的年轻人。孔子说："曾参啊，我的大道是用一个东西贯穿起来的！"曾子只说了一个字："哎。"就是答应，便不再说话了。这种"惜言如金"的架势，或许和曾子的性格有关，孔子评价他"参也鲁"（《论语·先进》），就是笨笨的、有点儿木讷（nè）的样子。尽管如此，曾子读懂了孔子的深意，"唯"了一声后，师生之间会心一笑，孔子再没说话。但其他弟子还一头雾水，孔子走后，纷纷问："老师刚才是什么意思啊？"

曾子说："老师的大道，不过是忠恕两个字而已。"在孔子思想中，"忠"和"恕"是"仁"的两个方面。什么是"忠"？中国人历来尊敬忠臣，臣子尽心尽力为国家奔走效力，甚至牺牲生命，这是忠臣。但孔子眼中的"忠"不止于此，他是站在整个人类的高度上来理解"忠"的含义的。在《论语》中，孔子曾回答过子贡一个问题：

> 子贡曰："如有博施于民而能济众，何如？可谓仁乎？"子曰："何事于仁，必也圣乎！尧舜其犹病诸！夫仁者，己欲立而立人，己欲达而达人。能近取譬，可谓仁之方也已。"
> ——《论语·雍也》

143

一起读论语

　　这段对话中虽然没有出现"忠"字，但历代学者都认为，孔子讲的正是"忠"的道理。富可敌国的子贡问孔子："如果有人能向百姓广施恩泽，救济大众，怎么样？算得上仁爱吧？"你看，子贡财大气粗的劲儿上来了，他虽未直说，但言下之意很明显：我子贡有这个能力！

　　孔子是怎么回答的呢？"你说的这个境界，岂止是仁啊，这是圣人的境界！估计尧和舜都做不到！"言下之意也很明显——尧舜都不行，何况你子贡呢？要知道，一旦"忠"取决于外在的经济条件，那它就不是人人都能做到的品德，也就丧失了道德的生命力。那什么才是仁呢？孔子告诉子贡"己欲立而立人，己欲达而达人"，这就是仁，也就是忠。

　　先看"立"字，在小篆中，"立"写作：

　　上面是一个"大"，画出了正面的人形。《说文解字》中说"天大，地大，人亦大，故大象人形"，"大"是和天地并尊的"大人"。下面是一个"一"，《说文解字》中说"一，地也"，是我们脚下坚实的大地。"立"是一个人脚踏大地、傲视苍天，与天地并尊的气象。傲立于天地之间，挺拔乎宇宙之内，中国古人的天地人之道，全在一个"立"字当中。

　　具体来说，古人有"三不朽"事业：立德、立功、立言。一个人来世间走一遭，树立德行，建功立业，留下千古传诵的至理名言，这算是"立"。孔子还说过一句话，"立于礼"。在春秋时期，"礼"不仅是礼貌、礼节，更是一种高度文明的社会规范，君子要通过礼的修养来树立人格。一句话，"立"就是要成为一个顶天立地的道德君子。

　　"立"是君子的追求，但仁者不止于此，他的心中有一种弥漫天地的悲悯情怀，希望让世间所有的人都挺拔树立、通达无碍。这就是"己欲立而立人，己欲达而达人"的境界：仁者自己想要顶天立地，更想帮助每一个人都"立"起来；仁者自己想要实现理想，更想帮助每一个人都实现理想。说白了，仁者的心地就是四个字——"推己及人"。

"推己及人"并不容易，在"己欲立而立人，己欲达而达人"这句话中，蕴含着孔子一生的努力。孔子"三十而立"，他前半生摸爬滚打、孜孜不倦，都是为了一个"立"字。他一辈子发愤忘食，"学如不及，犹恐失之"，也是为了一个"立"字。在一个讲出身、重门第的贵族社会里，像孔子这样一个孤儿出身，一没家庭背景，二没经济实力的人，能够凭借道德学问来"立"得住，在三十多岁就得到鲁国君臣的尊重，是一件多么不容易的事情！更重要的是，孔子不但自己从艰难困苦中挺立出来，更要"立人"。孔子在三十岁左右有了第一批弟子，从此教书育人，诲人不倦。孔子"有教无类"的事业，正是对"立人"最生动的诠释。

说到这里，我们可以明白孔子心目中"忠"的含义了。"忠"是一种无私的奉献，先要让自己成为顶天立地的君子，再帮助所有的人都实现这样的人生境界。"忠"，意味着人的树立，让每一个人都成为"大写的人"！

讲完了"忠"，再来看"恕"。还是这位子贡同学，不过口气小多了，他问孔子：

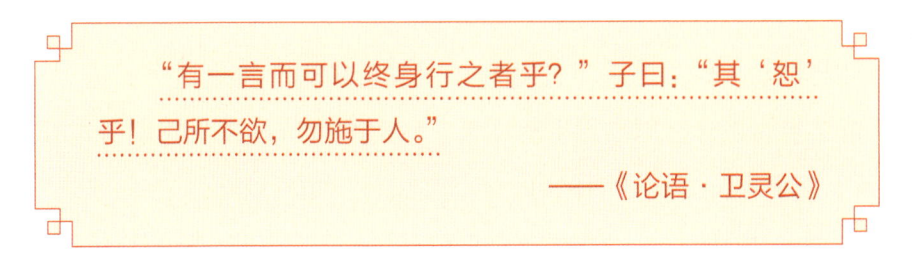

> "有一言而可以终身行之者乎？"子曰："其'恕'乎！己所不欲，勿施于人。"
> ——《论语·卫灵公》

"有没有一句话可以当作一生的准则呢？"孔子说："有，这

一起读论语

就是'恕'！自己不想要的，不要施加给别人。"什么是"恕"？当你做一件事的时候，要问一问自己：要是有人这么待我，我愿意吗？"恕"的实质是，我们要设身处地体察别人的感受，再用这种感受来约束自己的言行。"恕"是儒家做人的基础，做到了"己所不欲，勿施于人"，才能避免对他人的伤害，从而构建起和谐的社会环境。

讲完了"忠"与"恕"，我们可以进一步思考"什么是仁"的问题了。"忠"是对别人的关爱与帮助，是积极的奉献；"恕"是对别人的体谅与尊重，是高度的自律。"忠"告诉我们，应该做什么；"恕"告诉我们，不要做什么。"忠"是理想，"恕"是底线。在"忠"和"恕"中，自我的生命不再封闭，而是向着别人，向着世界充分地敞开着。

因此，"仁"是一种悲悯、恻隐的情怀，是我们对别人、对世间存活的一切生命的真切的体认。"仁"字从人从二，两个人，代表了人我之间，代表了自己和其他的生命。通过仁爱之心，让自己和不同的生命之间感通起来，这就是"仁"！梁漱溟先生曾经说过，"仁"的实质是"感"，仁者具有一种和别人感同身受、息息相关的能力。在真正的仁者看来，世间万物都与自己通为一体。北宋大儒程颢（hào）说过一句话："仁者，以天地万物为一体，莫非己也。"到了这个境界，他去帮助一个人，就像右手给左手拿件东西那么自然。试想一下，你肚子不舒服了，用手去揉揉，手和肚子还需要讲条件吗？

更重要的是，"仁"的境界虽然高远，但并非不可触及。孔子特别强调，"仁"的下手之处在于"能近取譬"（《论语·雍也》）。"近"指的是自己周围的生活环境，仁道的践行可以从我们身边开始。如果你听到孔子的仁道，心里有一种"虽不能至，心向往之"的感动，哪怕是一点点触动，你就收获了一份"仁"。如果你放学回到家里，对父母一如既往的"唠叨"，突然感到多了一分理解；如果你看到站在讲台上的老师，冒出一个念头，天这么热，老师杯子里还有水吗；如果你看到一个"差生"在憋一道题，先别急着出去玩，给这家伙讲上两句；如果你咬咬牙不着急换新款手机，把压岁钱捐给地震中的灾民，你便实践了一份"仁"……

道不远人，谁说"仁"和我们的生活没有关系呢？

知识小贴士：

儒家的仁爱之道

忠恕之道，其实就是儒家的仁爱之道。"仁"就是爱人，在先秦诸子时代，用"爱"来阐释"仁"是当时普遍的理解。《论语·颜渊》记载樊迟问仁，孔子的回答是"爱人"；《墨子》说"仁，体爱也"；《韩非子》也说"仁者，谓其中心欣然爱人也"。那么，儒家的仁爱之道有什么特点呢？儒家的仁爱是建立在一种差序格局上的。所谓差序格局，是指像水的波纹一样，从一个中心一层层向外传递、扩展。孔子说"仁"要做到"己欲立而立人，己欲达而达人"，以自己的理想为中心，去辐射他人，帮助更多的人实现理想，就是这种差序格局的体现。在儒家的思想体系中，"仁"为"礼"奠定了内在的情感基础。"仁"是内在情感的自然流露，是富有生命力的。"礼"是一种外在的规范和约束，如果没有内在的"仁"作为支撑，"礼"很容易流于形式、陷入僵化。因此孔子说"巧言令色，鲜矣仁"，缺乏自然真情的表达，是违反仁爱之道的。

一起读论语

（二）孔子论孝

仁者爱人，要从身边做起，关怀离我们最近的人，那就是我们的爸爸妈妈和兄弟姐妹。因此，儒家认为孝悌之道是实行仁道的根本。这是《论语》中的第二句话：

> 有子曰："其为人也孝弟，而好犯上者，鲜矣；不好犯上，而好作乱者，未之有也。君子务本，本立而道生。孝弟也者，其为仁之本与！"
> ——《论语·学而》

有子是孔子的弟子，名叫有若，他的道德学问都很好。这句话的意思是，一个人能够孝顺父母、尊敬兄长，却喜欢冒犯上级，真是太少见了；不喜欢冒犯上级，却喜欢造反作乱，更是从来没有过。君子修身，先要把握根本，做人的基础牢固了，大道也就会自然产生。孝顺父母，尊敬兄长，这就是仁爱之道的基础吧！在这句话里，"弟"是"悌"的假借字，指的是敬爱兄长，在古代的大家族里，兄弟姐妹众多，"悌"是一种很重要的品德。"鲜"是少的意思，"为仁"是"实行仁道"的意思。在有子看来，一个人孝顺父母，尊敬兄长，一定很少"犯上"，更不会"作乱"。"君子务本，本立而道生"，君子修身要从根本上做起，有了根本，才能建立起正确的人生观。实行仁道的根本是什么？有子说，应该是孝悌之道吧。这句话非常经典，把做人处世的原则说透了。父母兄弟是我们最亲近的人，扯着骨头连着筋，这种来自血缘的爱是人类的本能，是最为浓烈、炽热的一种情感。一个连父母兄弟都不爱的人，怎么可能指望他去"爱人"呢？

在《论语》中，孔子多次谈到孝道，充分展现出儒家思想中的人情之美。对小朋友、青年人和成年人来说，孝道各有不同。

什么是小朋友的孝道呢？孔子说：

> 父母唯其疾之忧。
>
> ——《论语·为政》

在这里，"其"指的是子女，翻译过来就是父母唯独为子女的疾病而操心。这是什么意思呢？在孔子看来，父母对孩子的爱是无私的，他们不要求你回报什么，只是希望你健康成长，学业顺利，希望你一辈子幸福平安，为社会做出自己的贡献。因此，真正孝顺的孩子，是一个不让爸爸妈妈操心的人，各方面做得都很好，只有疾病有时候是躲不开的，生病就会让父母担心。在这个意义上，做一个健康的孩子，一个努力的孩子，就是对父母最大的孝顺。在孔子看来，孝道很简单，当父母想起自己的时候，有一份会心的微笑，有一种由衷的自豪，有一种发自心底的欣慰，这就是孝。

健康成长，认真读书，不让父母操心惦念，这是一个孩子的孝道。当他一天天长大，要出门读书求学了，一个青年的孝道又是怎样的呢？孔子说：

> 父母在，不远游，游必有方。
>
> ——《论语·里仁》

一起读论语

　　这句话我们也许会有些不解，父母在世，子女为什么就不能出远门呢？连旅游都不行，太限制人的自由了吧？要是这么想的话，就误解了孔子的意思。在先秦，"游"不是旅游，而是"游学"和"游仕"——到远方去求学，或是去别的国家做官。

　　古人交通不便，一旦"远游"，运气好的话能衣锦还乡，也要个三年五载；要是运气差的话，流落异国，恐怕这辈子都喝不上故乡水了。而且，古人通信非常难，没有邮局，只能求人捎信，甚至是"凭君传语报平安"。杜甫诗中说"家书抵万金"，就是在形容战乱中的通信之难。我们今天寄信太容易了，电子邮件转瞬即至，还能随时聊视频语音，恐怕是很难理解古人的这种心绪了。

　　在孔子看来，父母在世，子女远游，一去几年音讯全无，谁来照顾年迈的父母呢？《韩诗外传》中记载了一个悲惨的故事：一次，孔子和弟子出门在外，远远听见有人失声痛哭，赶过去一看，是个叫皋鱼的人。孔子问他："看你没穿孝服，应该不是碰到丧事，为什么哭得这么悲伤呢？"皋鱼说："我这辈子太失败了！我从小好学，周游列国，等到回乡的时候，爹娘都病死了。树欲静而风不止，子欲养而亲不待——当儿子的想要孝养父母，他们却已经等不到那天了！"说完这话，皋鱼悲恸欲绝，"立槁（gǎo）而死"，站着就没气了。看到这一幕，孔子感慨万千，长叹一声："弟子们，别忘了今天的事，他是你们的前车之鉴啊！"经历了这件事，孔子有十三个弟子辞别老师，回家探望父母去了。

　　"父母在，不远游"，很可能就是针对这件事而发。父母望眼欲穿，数着日子盼望游子归来，真是让人深感凄凉。站在孔子的时代背景上，就会理解这句话的意思：父母在世，子女可以去"游学""游仕"，但别走得太远，而且一定要有一个固定的地方。这

样的话，父母能托人给你捎信，万一家里有什么变故，也能及时地赶回来。如果连这一点都做不到，说明你心里只有自己，压根就不是个好孩子。对我们来说，有火车，有飞机，有网络，有手机，世界成了地球村，"远游"早就不算什么事了。但别忘了，人远游可以，对父母的那份思念、牵挂之心不能"远游"啊。

　　介绍了小朋友和年轻人的孝道，我们再看孔子对成年人的孝道的理解。这个时候，父母年事已高，需要子女养老，应该怎样对待他们呢？子游曾向孔子请教孝道，孔子说：

> 今之孝者，是谓能养。至于犬马，皆能有养；不敬，何以别乎？
> ——《论语·为政》

"养"指的是给父母养老。在古代，人老了没有退休金，要靠子女赡养。孔子说，现在所谓的孝顺，不过是给父母养老送终。"至于犬马皆能有养"，有些给父母养老的人，并不是舍不得花钱，他们连父母的犬马都能饲养；但如果内心中没有一种深切的爱敬之心，养父母和养犬马又有什么区别呢？换言之，世人从行为上衡量孝，以能养为孝；孔子则从心地出发，特别推出一个"敬"字。为什么？一个人如果心中没有诚挚的孝心，没有真切的爱敬之意，他的孝顺一定是打了折扣的。

还有一次，子夏向孔子请教孝道，孔子只说了两个字："色难。"（《论语·为政》）"色"是表情、容色的意思。《礼记》中说："孝子之有深爱者必有和气，有和气者必有愉色，有愉色者必有婉容。"孝子在父母面前能够和颜悦色，开开心心，心中一定是有一份"深爱"的。如果没有足够的爱敬之心，没有由衷的感恩之情，对父母也很难有好态度。要知道，父爱如山，母爱如海，父母之爱至为无私，他们对孩子没有太多的要求，有时候，就是希望孩子们有一个好态度，给自己一个笑脸啊。

关于孝道，孔子对小朋友说，你不要让爸爸妈妈太操心了；对青年人说，你不要轻易地去远方游学，哪怕出了远门，也要随时有个音讯；对成年人说，孝顺父母的关键在于爱敬之心，要对他们和颜悦色，有一颗温柔的感恩之心。孔子提倡的孝道，并没有高推圣境，而是人人都能做到的道德修养，其中的关键在于对父母真挚的情感。

真诚自然的孝顺之心，是通往仁爱之道的起点。

知识小贴士：

古代的"孝"文化

"孝"在我们的传统文化中，具有极其重要的地位。孝顺就是要听父母的话吗？其实，儒家的"孝"有着非常深刻的内涵。"孝"立足于人性情感的自然流露。父母是我们的生命之根，每一个人都是父母所生，父母所养，自然也会给予父母情感的回馈，"孝"是血浓于水的亲情的自然表现。而儒家进一步将"孝"从家庭扩大到社会，将君臣关系和父子关系类比，侍奉父亲要孝顺，侍奉君主相应地就当忠诚，"忠"便成了"孝"的延伸，"孝"不再只是道德人伦层面的问题，与政治秩序也密切相关。因此《论语·学而》篇记载孔子的学生有若的话："其为人也孝弟，而好犯上者，鲜矣；不好犯上，而好作乱者，未之有也。"为人孝顺，是不会犯上作乱的。在儒家思想中，"孝"与"仁""礼"都密切相关。但随着孝道的发展演变，它在封建社会不可避免地掺入了一些糟粕。因此并不是所有打着"孝"之名的东西，都是合理的，我们一定要擦亮眼睛，辩证地思考。

一起读论语

（三）孔子论勇

爱人之心也好，忠恕之道也好，对父母的孝道也好，都是仁者柔软的一面。与此同时，仁者也有刚强勇敢的一面。在孔子看来，仁爱与勇敢都是十分重要的品德。那么，什么是仁者的勇敢呢？

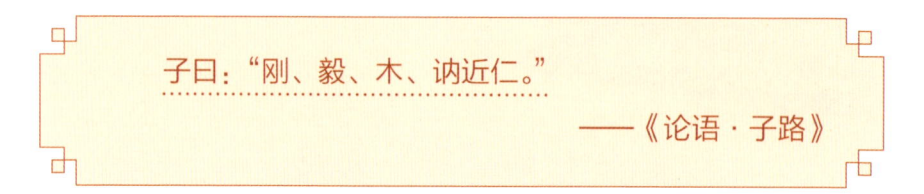

> 子曰："刚、毅、木、讷近仁。"
> ——《论语·子路》

"刚、毅、木、讷"并不是仁，但一个人做到刚强、坚毅、质朴、慎言，离仁德也就不远了。这四个字具体怎么理解？

"刚"是刚强，是一种坚刚无畏的气概。在孔子看来，真正的"刚"来自"无欲"。他曾经说："吾未见刚者。"有人在旁边接了一嘴："您的弟子申枨（chéng）不是'刚者'吗？"孔子摇了摇头："枨也欲，焉得刚？"（《论语·公冶长》）申枨这个人欲望太多了，他怎么能做到"刚"呢？这句话被后人凝练为四个字——"无欲则刚"。请注意，"无欲"不是要断除一个人的欲望，而是指在道义和欲望发生冲突的紧要关头，能毫不犹豫地舍弃欲望，担当道义。只有这样，人格才能堂堂正正地树立起来。

正因如此，"刚"不是凶，不是厉害，更不是桀骜不驯、死不低头。一个温和的人，甚至是懦弱的人，只要能在抉择关头做到"无欲"，他就是一个"刚者"。西汉大儒刘向在《新序》中，记载了一个小故事：春秋时齐国有个人叫陈不占，齐国大臣崔杼谋害国君，他挺身而出，要去讨伐奸臣。打仗之前先要吃顿饱饭，他的筷子、勺子一个劲儿地往地上掉，出发时连车都扶不住了——吓的！给他驾车的人都无语了："都怕成这样了，你去有个啥用！"陈不占哆哆嗦嗦地说："保、保、保护国君，是我的道义，害、害、害怕，是我的个性。胆儿再小，也不能妨害道义啊！"于是，他操起兵刃，赶赴沙场，远远地听到杀喊之声，"恐骇（hài）而死"，还没看见敌人，就活活吓死了。

这是一个极端的例子，陈不占虽然窝囊，但在国难当头，他把本能的求生欲望都放下了，坚定不移地去遵守道义，你说他是不是"刚"？这就是所谓的"仁者之勇"。

"毅"是坚定不移的毅力，这是一种源自内心深处的精神力量。在孔子看来，一个人一次两次做到"仁"很容易，难的是把"仁"坚持下去。他曾称赞颜回："回也，其心三月不违仁，其余则日月至焉而已矣。"（《论语·雍也》）颜回是个好学生，他的内心能够长期不离开仁道——在这里，"三月"是虚指其多，不是说颜回到了四月一号就不仁了。其他的弟子们呢，不过是维持十天半个月而已。坚守仁道不容易，但颜回一个手无缚鸡之力的书生却做到了，这说明"毅"不是外在的强大，而是一种精神力量，是一种水滴石穿式的坚毅与韧劲。无独有偶，曾子也探讨过"刚毅"的问题，他说："士不可以不弘毅，任重而道远。仁以为己任，不亦重乎？死而后已，不亦远乎？"（《论语·泰伯》）一个读书人，不能没有一种宽宏而刚毅的人格，因为他背负着沉重的使命，要走很远的道路。这个使命，就是要尽自己一生的努力，实现仁德的理想啊！这是一句沉甸甸的话，体现出孔子与弟子们传承不息的仁爱精神。

再看"木讷"。"木"是质朴，"讷"是说话有些迟钝。关于"木讷近仁"，孔子还说过一句话："巧言令色，鲜矣仁！"（《论语·学而》）两句话相辅相成。"巧言"是花言巧语，"令"是好的意思，"色"和"色难"的"色"是一个意思，都指待人的态度。"令色"是为了

一起读论语

讨好别人，扮出一副好脸色。在孔子看来，**那些说花言巧语，装出和颜悦色的人，仁心是很少的。**因为"仁"是一种真实无伪的人格境界，巧言令色则是虚伪粉饰的。孔子喜欢真诚的人，厌恶虚伪的人，哪怕是口齿迟钝，言语木讷，也比那些花言巧语的家伙强上百倍！

在生活中，"刚毅木讷"的人并不常见。在金庸的武侠小说中，却有一个十分典型的例子，那就是郭靖。

郭靖是金庸刻画的一个典型人物，他的一生堪称"刚毅木讷"。他被成吉思汗封为金刀驸马，又许诺打下南宋后封他为宋王，这是天下一等一的富贵。可是为了不让百姓饱尝战乱之苦，保住中华的大好河山，他轻骑南归，死守襄阳，这是"刚"。郭靖一开始不是高手，和人交手最大的特色是鼻青脸肿，不下火线。他曾经以一敌四，力斗"黄河四鬼"，剑没了用刀，刀飞了用枪，枪断了连软鞭都用上了，但无论如何死不服输，这是"毅"。到后来，他明知南宋朝廷堕落腐败，不可救药，但为了百姓安危，一辈子死守襄阳，这更是"毅"。至于"木讷"，更不用说了，郭靖是出了名的"笨蛋""傻小子"。他和欧阳克比武，争夺心爱的姑娘黄蓉，三场赢了两场，黄蓉的父亲黄药师都暗示他是女婿了，还是一口一个"黄岛主"，不知道喊"岳父"。黄蓉打手势让他磕头认爹，他还真实在，砰砰砰磕了十几个响头，黄药师笑着问他："你向我磕头干什么啊？"他来了一句："蓉儿教我磕的……"

但请注意，郭靖也有不"木讷"的时候。在《神雕侠侣》里，他的徒弟武修文、武敦儒行刺忽必烈被擒，郭靖为了搭救他们，前去赴忽必烈的鸿门宴，里面有一番对话精彩至极。郭靖告诉忽必烈："我事先未及知悉，小儿辈不知天高地厚，胡闹得紧。"忽必烈说："是啊，想我与郭叔父相交三世，郭叔父念及故人之情，必不出此。"郭靖说道："那却不然，公义当前，私交为轻。昔日拖雷安答领军来攻襄阳，我曾起意行刺义兄，以退敌军。适逢成吉思汗病重，蒙古军退，这才全了我金兰之义。古人大义灭亲，亲尚可灭，何况友朋？"此言一出，四座皆惊，忽必烈却全无愠色，含笑道："既然如此，郭叔父何以又说两位贤徒胡闹？"郭靖答道："想他二人学艺未成，不自量力，贸然行刺，岂能成功。他二人失陷不打紧，却教你多了一层防备之心，后人再来行刺，那便大大不易了。"金庸接着写道："忽必烈哈哈大笑，心想：'久闻郭靖忠厚质朴，口齿迟钝，哪知他辞锋竟是极为锐利。'其实郭靖只是心中想到什么，口中便说什么，只因心中想得通达，言辞便显凌厉。"

这里的人物描写太到位了！大敌当前，一向口齿迟钝的郭靖却能超水平发挥，这是什么道理呢？这就是孔子所说的"有德者必有言，有言者不必有德"（《论语·宪问》）。一个演说家、外交家，辞锋锐利，辩才无碍，讲起来天花乱坠，但不一定有内在的德行。而一个真正有德行的人呢，他的心中充盈着一股雄大、磅礴的精神力量，当这种力量向外鼓荡之时，一定会留下沉甸甸的、能够刻在心里面的至理名言。

在孔子看来，"刚毅木讷"是仁者堂堂正正的人格力量，也是儒家追求的勇者之道。面对黑暗与权势，独立的人格、勇敢的意志是儒者力挽狂澜、舍生忘死的精神源泉。孔子说："志士仁人，无求生以害仁，有杀身以成仁。"（《论语·卫灵公》）志士仁人，不能因为贪生怕死而损害仁道，要勇于牺牲生命来成就仁道。子路曾问孔子如何对待国君，孔子更直接回答他说："勿欺也，而犯之。"（《论语·宪问》）不要欺骗他，但也不要怕冒犯他，要勇于直言进谏。这些气概非凡、掷地有声的话，都体现出孔子的勇气和坚定。

人，活在历史的旋涡中，柔如苇草，而一旦具有了崇高的理想，禀赋了坚定的勇气，却又坚如磐石。这种顶天立地的大丈夫精神，正是中国历史的脊梁。

一起读论语

知识小贴士：

孔子之勇——"自反而缩"

　　孔子的勇是刚毅木讷的勇，是坚守道义百折不回的勇，这与春秋战国力士刺客的好勇斗狠，有着本质区别。在《孟子·公孙丑上》中，孟子比较了北宫黝、孟施舍以及曾子口中的孔子之勇的不同。孟子说，北宫黝培养勇气，人家拿刀来刺他肌肤，他一动不动；戳他眼睛，愣是一眨都不眨。对于地位高贵、声势显赫的国君毫不畏惧，刺杀国君就像杀掉普通平民一样。要是有人对他恶语相向，一定会报复回去。孟施舍养勇则比北宫黝更进一步，不管敌人多么强大，不管自己能不能打赢，都会毫不畏惧地冲上去。而北宫黝、孟施舍的勇又比不过曾子传述的孔子的"大勇"："吾尝闻大勇于夫子矣：自反而不缩，虽褐宽博，吾不惴焉；自反而缩，虽千万人，吾往矣。"缩就是直，这里指道义。孔子说，反思自省，如果自己不道义，无论对方多么卑贱弱小，我都不会去吓唬他；但如果自己站在道义的一边，即使对面是数千万人，我都会勇往直前。通过比较可以看到，北宫黝的勇停留在对外物的不惧，孟施舍的勇进一步转化为内心的坚强，而孔子的勇则远远超越了二者，是心怀道义一往无前的凛然。在孔子看来，真正的勇敢不是拔山举鼎的力量，而是一种据守道义至死不渝的精神。孔子的大勇深深影响着后世的仁人志士，贯穿起了中华民族的精神脊梁。

（四）孔子论修身

从孔子开始，历代儒家都极为注重"修身"，积极不懈的自我修养，是走向仁爱之道的起点。在"四书"中，修身是一个最基础的话题，在讲《大学》《中庸》《孟子》时，我们也都会提到。正如孔子所说："君子求诸己，小人求诸人。"（《论语·卫灵公》）真正的君子随时在严格要求自己，提高自己的修养，只有小人才总去挑剔苛求别人。关于《论语》中的"修身"之道，我们从"立志"和"自省"两个角度来说，前者是君子的理想与志气，后者是君子的自律和反思。

孔子向来注重立志，一个人的志向是否远大，决定了他这一生所能达到的高度。正值青春年少时，要把心中的志气鼓舞起来，就像跳远一样，看着远处和盯着脚下的方寸之地，跳出去的效果绝对不一样。树立了远大志向，还要用心呵护，不要丢失。孔子曾说："三军可夺帅也，匹夫不可夺志也。"（《论语·子罕》）春秋时期，一个大国有上、中、下三支军队，称为"三军"。大国的军队可以换掉主帅，但一个人的志向却不能轻易更改，可见君子守志，坚定不移。既然这样，就需不断反省自己，随时把握人生方向。孔子就是个非常注意"自省"的人。"自省"的意思是自我反思与自我修正，只有在点点滴滴中改进自己的行为，才能不断接近远大的理想。

在《论语》中，有一句话包含了立志和自省的双重含义：

> 见贤思齐焉，见不贤而内自省也。
> ——《论语·里仁》

一起读论语

"齐"是齐平、看齐的意思,在甲骨文中,"齐"写作:

这是个象形字。《说文解字》解释说:"齐,禾麦吐穗上平也。"如果你见过一望无际的麦田,便会发现,麦田是十分整齐的,所有的麦穗都差不多高。古人对大自然的观察非常细致,他们根据麦穗整齐的形象,造出了"齐"这个字。

"见贤思齐"的意思是,见到比自己境界高的人,能生出一种渴慕之情。我要和他成为一样的人!这就是立志。"思齐"不仅针对身边的人,更针对古人。颜回说过一句话:"舜何人也?予何人也?有为者亦若是。"(《孟子·滕文公上》)大舜是什么样的人,我也要成为这样的人!任何一个有作为的人,都要以大舜为标准。瘦瘦小小的颜回,在立志时却展现出格外勇猛的气概,难怪孔子最欣赏他。古人立志气魄雄大,毫不犹豫地直追历代圣贤,这份气魄值得我们效法。陈胜、吴广揭竿而起的时候,留下一句非常豪壮的话:"王侯将相,宁有种乎!"在我们树立人生理想的时候,也可以说:"圣贤君子,宁有种乎!"

至于"见不贤而内自省也",说的是君子的自我反思。"不贤"是不如自己的人,甚至是有毛病的人。见到他们,不要过于厌恶,或者是瞧不起,而是要反省自己——我身上有没有类似的毛病呢?他的缺点,是否能够成为自己修身的一面镜子呢?

孔子还有一句著名的话:"三人行,必有我师焉。择其善者而从之,其不善者而改之。"(《论语·述而》)三个人在一起出行,其中一定有人能够成为我的老师。选择他的优点,向他学习;借鉴他的缺点,自我改正。这句话和"见贤思齐焉,见不贤而内自省也"的意思非常相似，一个善于修身的人，善于学习的人，在任何人、任何事上，都能获得不断进步的灵感与启发。

知识小贴士：

孔子都有哪些老师？

孔子的"见贤思齐"可不仅仅是随口一说，他在行动中也贯彻了这一修身学习的准则，虚心学习他人的长处，以贤者为师。那么，都有哪些贤人做过孔子的老师，孔子又从中分别学到了什么呢？唐代大文学家韩愈在《师说》中说："圣人无常师。孔子师郯（tán）子、苌（cháng）弘、师襄、老聃。"郯子是春秋时期郯国的国君，《左传·昭公十七年》记载，郯子访问鲁国，鲁昭公询问他有关先王官制的问题，郯子对答如流。孔子听说后，立马跑去找郯子学习官制的知识。苌弘是周王室的乐官，在《礼记·乐记》中，孔子说自己曾经向苌弘学习过古代音乐。师襄是鲁国著名的乐师，据《史记·孔子世家》记述，孔子学琴于师襄子，不断揣摩，悉心体悟，终于参透了名曲《文王操》的奥秘。老聃就是老子，这个之前讲过，他是周王室的守藏史，孔子曾专程向老子请教周礼。大家看，即使是博学多才、无所不知的"圣人"孔子，也有这么多可资学习的老师。孔子"三人行，必有我师焉"的警句，可真不是一句空言啊！

一起读论语

（五）孔子论君子

在《论语》中，孔子多次提到"君子"一词，这是儒家修身立德的理想人格。什么是君子呢？在先秦，"君子"一开始指的不是"有德行的人"，而是贵族——君子者，国君之子也，不是贵族是什么？到了春秋时期，"君子"既指贵族，也开始指有德行的人，两种用法在《论语》中都出现过。再到后来，君子专指有德行、有修养的人，成为中国人耳熟能详的一个美称。在《论语》中，"君子"出现了一百余次，孔子对君子的境界反复申说。

首先，君子是以道义为生命底色的。孔子说过：

> 君子喻于义，小人喻于利。
> ——《论语·里仁》

"喻"是明白、知晓的意思。君子懂得道义，小人懂得利益，这句话是君子和小人的分水岭。孔子还说，"君子义以为质"（《论语·卫灵公》）。"质"是基础、质地的意思，君子以道义为底色。我们看到，君子和小人的区别在于生命境界的高下之分，"天下熙熙，皆为利来，天下壤壤，皆为利往"（《史记·货殖列传》），追求利益是人的本能，但君子却不止于此。他必须能"见利思义""见得思义"，在利益面前用道义把持住自己，否则就成了见利忘义的小人了。

关于这层意思，孔子还有一句话：

> 君子怀德，小人怀土；君子怀刑，小人怀惠。
> ——《论语·里仁》

什么是"怀"？"怀"有念的意思，所谓"怀念"，是一种时常惦记的心理状态。君子心中揣着德行，小人心中揣着土地、田宅。对农业社会而言，"怀土"不是什么坏事，留恋乡土、安土重迁，是中国古人一向的传统。只有游牧民族才逐水草而居，惯于迁徙。但在儒家看来，一个真正的君子要做到"安安而能迁"——不但要能安居，还要有一种"说走咱就走，路见不平一声吼"的气魄。为什么？君子不能因为留恋田宅乡土，而委屈了心中的那份理想与志气。

孔子的一生是毫不"怀土"的。《淮南子》中记载："孔子无黔（qián）突。""黔"是黑的意思，"突"是烟囱。孔子奔走四方，周游列国，到一个地方住不了几天就走了，连烟囱都熏不黑。孔子还曾说过："士而怀居，不足以为士矣。"（《论语·宪问》）一个读书人，要是放不下家里的一亩三分地，是不配称为读书人的。

"君子怀刑"又是什么意思呢？君子惦记着刑罚？那儒家不就成了法家了吗？在先秦，"刑"有法度的意思，又引申出效法之义。这句话的意思是，君子心中揣着国家的法度，他办事是有原则的；小人只惦记实惠，特别容易被收买，轻易改变自己的初衷。历史上这样的事情太多了，足见孔子这句话的深刻。义与利之间，正是道德的试金石啊。

其次，君子的心境是安然而坦荡的。在忧患和得失面前，他们能够从容淡定、不改其乐。孔子有一个弟子叫司马牛，曾经问孔子："夫子，什么是君子啊？"孔子答道："君子不忧不惧。"司马牛听了一愣："这样就可以叫作君子了吗？"孔子微微一笑："内省不疚，夫何忧何惧？"（《论语·颜渊》）

"省"是反省、省察的意思。君子检点自己的内心，问心无愧，那又有什么可值得忧虑与恐惧的呢？君子的心境安然坦荡，一个人

163

一起读论语

能够心里踏踏实实地活着，这是生命中最大的乐事。小人恰恰相反，心里挂碍的东西太多，无非是"得失"二字。"其未得之也，患得之。既得之，患失之。"（《论语·阳货》）——得不到，惦记；得到了，又怕失去，提心吊胆。

讲到这儿，我们要说到孔子非常经典的一句话：

> 君子坦荡荡，小人长戚戚。
> ——《论语·述而》

君子光明磊落、心胸坦荡，小人斤斤计较、患得患失。对我们来说，要学习君子坦荡的人生态度。如何克服这种"戚戚"的状态呢？一个很重要的办法就是去读书，读《论语》、读《孟子》，读人类文化史上一切富有精神力量的著作。在阅读中，和那些刚健的心灵进行对话，用古人坦荡的精神境界来滋养自己的心灵。

知识小贴士：

何谓"君子"？

"君子"一词，最早指的是统治者和贵族男子。《诗经》中的很多"君子"，如"有匪君子，如切如磋，如琢如磨""彼君子兮，不素餐兮""淑人君子，其仪一兮"，指的其实都是上层统治者。而到了后来，"君子"的含义泛化，有才德的人，无论其出身、阶级如何，都可以称为"君子"。《论语》中令人敬仰的"君子"人格，就是在这个层面上展开的。在《论语》中,"君子"的标准不可谓不严格:需要好学上进、谨言慎行、时刻追求善道:"君子食无求饱,居无求安,敏于事而慎于言,就有道而正焉,可谓好学也已。"需要将飞扬的文采与朴实的品质恰当结合:"文质彬彬,然后君子。"需要坚守道义,"贫贱不能移":"君子固穷。""君子忧道不忧贫。"在危急关头更能挺身而出,挽狂澜于既倒:"可以托六尺之孤,可以寄百里之命,临大节而不可夺也。君子人与?君子人也。"总的来说,"君子"就是要学问广博、品德端正、敢于担当、值得信赖。概言之,就是要做一个坦坦荡荡、堂堂正正的"大写的人"。

(六)孔子论交友

在修身之外,《论语》中也有不少关于朋友之道的话。要知道,孤独是每一人都无法回避的事情,但如果有了志同道合、肝胆相照的好朋友,漫漫人生路上,也就有了同道中人,再也不会形单影只。

在孔子的弟子中,有一个格外孤独的人,他就是司马牛。他曾对子夏说:"人皆有兄弟,我独亡!""亡"是没有的意思,春秋时期没有计划生育,每家都是兄弟姐妹一大堆,据说孔子就有一个哥哥、九个姐姐。但这位司马牛同学却是个独生子,难免心中郁闷,找子夏发牢骚。

子夏说道:

一起读论语

> 君子敬而无失，与人恭而有礼。四海之内，皆兄弟也。君子何患乎无兄弟也？
>
> ——《论语·颜渊》

"牛兄，不要太难过了。一个君子，做事情严肃认真，没有过失，与人交往时谦恭有礼，天下之内，到处都是他的兄弟。君子何必担忧没有兄弟呢？"子夏的话境界很高，影响更大，"四海之内皆兄弟"，已经成了中国人永恒的文化理想。陶渊明写诗说"落地为兄弟，何必骨肉亲"，王勃说"海内存知己，天涯若比邻"，皆脱胎于此。

君子是不孤独的，孔子有一句笃定的话："德不孤，必有邻。"（《论语·里仁》）在这里，"德"指的是道德君子，"邻"不是邻居，而是同道中人的意思。所谓"物以类聚，人以群分"，一个人修身立德，把自己的生命融入到代代相传的大道中去，就一定不会感到孤独，一定会和生命中的知己蓦然相遇。孔子很少言"必"，但在这句话里却十分确信。在他看来，一个人能否遇到真正的好朋友，能否走遍四海、皆为兄弟，关键看自己是不是真的有"德"。虽说"古今圣贤皆寂寞"，但在历史上，那些有理想、有信念、有德行、有操守的人们，也总能遇到生命中的知己。在这层意义上，修身之道正是朋友之道的基础。

正因如此，孔子选择朋友的标准也很有意思。他说：

> 毋友不如己者。
>
> ——《论语·子罕》

"毋"是不要的意思，"友"是名词作动词，有交朋友的意思。不要和不如自己的人交朋友，看上去总觉得有点儿别扭，莫非孔子有势利眼之嫌？

　　其实，这里的"不如己"不是地位、财富上的"不如己"，而是道德、修养上的"不如己"。这句话的意思是，**不要和道德修养不如自己的人交朋友**。孔子为什么主张不要和这样的人交朋友呢？关键要明白，交朋友是为了什么。有人说，交朋友是为了开心，哥们儿在一起找个乐子；有人说，多个朋友多条路，关键时刻能帮上忙。对这个问题，孔子没有明说，他的弟子曾子有一句很重要的话：

> 君子以文会友，以友辅仁。
>
> ——《论语·颜渊》

　　什么是"以文会友"？这可不是像后代那样，一群文人围在一起，你出上联，我接下联，你写首诗，我再和你一首，就像《红楼梦》里贾宝玉、林黛玉、薛宝钗、探春所结的"海棠诗社"一样。春秋时期还没这些花样，我们在前文说过，"文"是"六艺"，"以文会友"也可以说是以学会友、以礼会友——朋友之间相接以礼，在谈话时引用《诗》《书》中的圣人之言，在射礼中切磋本领、培养感情，这都是"以文会友"的内容。

　　曾子强调的是，朋友之间要建立起一种文雅的、有深度的交往方式。那些在酒桌上、玩闹中结交的朋友，恐怕是靠不住的。真正长久的友情，要通过"学"、通过"礼"，通过一种有文化内涵的方式来维系。

　　为什么呢？"以友辅仁"！

一起读论语

交朋友的目的，是为了帮助自己养成仁德。在曾子看来，真正的朋友要相伴于仁德之途，用共同的理想来推动深挚的友谊。朋友之道一旦脱离了"文"，脱离了"学"和"礼"，很容易玩闹化、庸俗化，甚至是江湖化。如果一个人的身边总是一群"狐朋狗友"，又怎么能够"辅仁"呢？君子用学习和礼仪来结交朋友，用朋友来帮助自己养成仁德。说起来，北京师范大学的前身就叫"辅仁大学"，四方学子会聚于此，共同勉励，成就仁德。

既然如此，也就不难理解孔子为什么主张"毋友不如己者"了，择友要慎重啊！

关于择友，孔子还提出了一些具体标准：

> 益者三友，损者三友。友直，友谅，友多闻，益矣。友便辟，友善柔，友便佞（nìng），损矣。
>
> ——《论语·季氏》

有益的朋友有三种，有害的朋友也有三种。和正直的人交朋友，和诚信的人交朋友，和见闻广博的人交朋友，都是有益的。和阿谀奉承的人交朋友，和表里不一的人交朋友，和夸夸其谈的人交朋友，都是有害的。我们一一来看。

先说"友直"。"直"有两重含义：首先，自己要"直"，这位朋友的德行和见解要能立得住。其次，能够帮助别人"直"，这位朋友不仅做人端正，更能坦率地指出你的不足，帮助你"直"。"友直"指的是交"诤友"和"畏友"，他们会毫不客气地指出你的缺点，甚至让你下不来台，很没面子。但我们可以冷静地想一想，顺情说好话太容易了，一个朋友能够直截了当地指出你的不足，是多么难得的一份真诚。

孔子对待自己的朋友就是"直"的。他有个老朋友叫原壤，洒脱不羁（jī），很有道家隐者的风范。但人潇洒过头了，就成了老愤青。原壤的母亲去世，孔子帮他料理丧事，他可好，坐在母亲的棺材上开始唱歌……原壤不是不孝，他要表达对于生死的豁达，可你别豁达到自己亲娘的头上啊。孔子皱了皱眉，装作没听见。

过两天，孔子又见到原壤，原壤"夷俟（sì）"——两腿像八字一样张开，坐在地上等孔子："老孔来了？"哎呀呀，太不像话了，孔子忍不住批了他几句："**幼而不孙弟，长而无述焉，老而不死，是为贼。**"（《论语·宪问》）

"孙"是"逊"的假借字，是谦逊的意思。看着原壤玩世不恭的样子，孔子吹胡子瞪眼地说："原壤啊原壤，你让我怎么说你呢？

一起读论语

打小你就爱犯浑，不讲礼貌，长大后一事无成，老了还白吃粮食，真是个害人精！"说完了还不解气，"以杖叩其胫"，用拐杖敲了敲原壤的小腿。

这一幕很有意思，我们可以想象孔夫子"抓狂"的样子。尽管老哥俩是"发小"，但孔子的话实在是够"友直"的。与此同时，孔子也不是不讲交情的人，弟子们曾经劝孔子，原壤这样的坏家伙，您还搭理他干吗？孔子一笑，哎，"故者毋失其为故也"（《礼记·檀弓下》）——老朋友嘛，容着点儿就行了。你看，这才是孔子人性化的一面，对朋友大事讲原则，小事讲感情，批评起来毫不客气，但也绝不会轻易抛弃朋友。

再看"友谅"。"谅"不是原谅，而是讲信用的意思。《说文解字》中说："谅，信也。"在儒家看来，"朋友有信"是最基本的人伦，是朋友之间的义务。孔子说："人而无信，不知其可也。"（《论语·为政》）一个人要是说话不讲信用，也就看不到他有什么好处了。曾子说："吾日三省吾身：为人谋而不忠乎？与朋友交而不信乎？传不习乎？"（《论语·学而》）我每天多次反省自己：为别人做事是否尽心尽力？和朋友交往是否诚实守信？老师传授的学业是否经常温习？其中就包括了"朋友有信"的道理！子夏也曾强调："与朋友交，言而有信。"（《论语·学而》）和朋友交往，说话一定要讲信用。

中国古人最重守信，守信的故事在历史上随处可见。《太平御览》中记载，在东汉有两个读书人，一个叫范式，一个叫张劭（shào）。他们在京城求学，结为好友。后来各自回乡，范式对张劭说，两年后的重阳节，我去你家登门造访。张劭很高兴。二人相约而别。

时光匆匆流去，到了两年后的重阳节上，张劭赶紧嘱咐老婆："杀鸡做饭，今天咱家要来贵客。"他的母亲听了，把张劭喊来："孩儿啊，你也太实心眼儿了，范式家离咱家有好几千里，他今天能来得了吗？不是当妈的舍不得，等他来了，咱再杀鸡也不迟啊。"张劭听了摇摇头，"巨卿（范式字巨卿）信士，不失期者"——妈，放心吧，范兄是个守信的主儿，他不会迟到的。

　　话音刚落，"当当当"有人敲门，张劭开门一看，范式站在门口，拎着两坛黄酒正冲自己坏笑："老太太刚才说什么，我可听见了啊。"张劭"扑哧"一笑，请他进门，"升堂拜母，饮尽欢而别"。二人的故事也被后世称为"鸡黍之交"。

　　最后，"友多闻"。这个"多闻"不是"八卦"，而是博学的意思。和博学的人交朋友，自己的学问也能不断增长；缺乏这样的朋友，则不免孤陋寡闻。就像《礼记·学记》中说的那样，"独学而无友，则孤陋而寡闻"。

　　我们交朋友，要交正直坦率的朋友，交诚实守信的朋友，交博学多闻的朋友，这是孔子眼中的"益者三友"。跟他们朝夕相处，能够让自己的人格不断完善，让自己的知识不断增长，让我们不断收获人与人之间最宝贵的那份信实。当然，对朋友来说，我们也要努力做到"直""谅"与"多闻"。

　　还有"损者三友"，这是三种有损害的、不值得交往的朋友。"友便辟"，说的是阿谀奉承的人，你无论做什么，他都跷个大拇指在等着你。"友善柔"，说的是当面一套、背后一套的人，在你面前说得天花乱坠，到了背后就暗中毁谤。"友便佞"，说的是那种夸夸其谈、不着边际的人，一句话：不靠谱！

　　不用多说，这三种人要远离。

一起读论语

知识小贴士：

"鸡黍之交"的"升级"版

在汉代，范式和张劭的故事是喜剧，到了明清时期的话本小说《喻世明言》将它改成了悲剧。说的是范式回家后，生计繁忙，到了重阳之际，突然想起和张劭的约会。古人没有飞机，千里迢迢，无论如何赶不过去。范式急得一身大汗……再说张劭这边，早上就杀鸡做饭，翘首以待，一直等到太阳落山，范式还是不来。直到三更时分，突然，月光中有一人随风而来，定睛一看，正是范式！张劭大喜，连忙请他进门，谁知道范式畏首畏尾，一句话不说。张劭很纳闷："我看范兄心情不好，难道是嫌我招待不周？"范式开口了，一句话把张劭吓了个跟头："我——是——鬼——""范兄，别开玩笑！""不——骗——你——，你我约好今日相见，不想愚兄琐事缠身，竟给忘了。愚兄想，人不能日行千里，鬼魂却能，于是自刎而死，乘风而来，与兄相会——"话音刚落，一阵冷风，人没了。张劭如梦初醒，放声大哭。第二天他辞别父母妻子，千里迢迢赶赴范式的故乡。到了一问，范式果然是为了和自己相见，自刎而死。于是，张劭在灵前大哭一场，拔刀自刎，殉了兄弟之间的情义。为了守信搭进去两条人命，并不值得，无论如何，生命都是最宝贵的。但这个故事中也透露出中国古人的一种信念，那就是朋友之间的守信，要做到生死不渝。

（七）孔子论治国

在孔子的思想世界中，不仅有做人之道，也有治国之法。孔子一生东奔西走，周游列国，就是为了实现自己的政治理想。虽然他出仕治国的尝试，毫无例外地都失败了，但他关于治国平天下的政治思想，却对中国历史产生了深远影响。

这里介绍孔子的三个政治理想。

1.天下大同

先说"天下大同"，这是孔子的第一个政治理想。在《论语》中，孔子曾经评论先王的音乐：

> 子谓《韶》："尽美矣，又尽善也。"谓《武》："尽美矣，未尽善也。"
>
> ——《论语·八佾》

孔子精通音乐，而且是个"发烧友"，他在齐国听闻《韶》乐，沉醉其中，很长时间连肉味都尝不出来。《韶》是大舜的音乐，歌颂大舜时代的世道升平，孔子盛赞它为"尽善尽美"，一点儿缺陷都没有！《武》是周武王的音乐，歌颂武王伐纣的赫赫武功。和《韶》相比，《武》就要差了一点点，为什么呢？

在古人眼中，音乐可以代表一个时代的政治，也可以代表一个国家的民风。古人评论音乐，不但要看乐曲是否动听，更要衡量音乐背后的"品德"高下。这句话的潜台词是：尽管武王也是圣人，但他和大舜相比，还是有差距的。

差距在哪里？西汉大儒孔安国指出，大舜通过禅让登上君位，

一起读论语

武王则是通过征伐取得天下。舜到了晚年，把天下让给非亲非故的大禹，武王死后，把天下传给自己的儿子成王——差距就在这儿。

讲到"禅让"，说来话长，要上溯到三皇五帝的时候。尧帝年老力衰，想找个接班人。他对群臣一说，立刻有人拍马屁："您的儿子丹朱不是现成的吗！"尧听了之后，苦笑一声："知子莫若父，我儿子我还不清楚吗？眼高手低，志大才疏，天下怎么能交给他！"还有人推荐掌管水利的大臣共工，尧把脸一沉，"共工嘴上一套，心里一套，是个阴险小人。你推荐他，是何居心？"

过了几年，群臣推荐了一个叫舜的年轻人，孝顺父母，人很聪明，有很多优秀品质。尧听了舜的事迹，很高兴，把两个女儿都嫁给了他，还让他帮着料理政务——站在舜的角度上，真是双喜临门。尽管如此，尧还是不放心，又对舜进行了长期考察，才把帝位传给他。尧真是好眼力，可谓慧眼识贤人。舜到了晚年，也是采取这种办法，把天下让给了大禹。

和"禅让"相对的继承制度是"世袭"，也就是父子代代相传的"家天下"。"禅让"是传位给贤人，"世袭"是传位给儿子，二者之间有本质区别。在儒家心中，禅让是最高的政治理想，孔子说《韶》"尽善尽美"，孟子更是"言必称尧舜"，都是因为他们行的是"禅让"。

禅让制度有两个核心要素：一个是公开推举，一个是长期考核。儒家认为，通过这种制度，能够唯贤是举，让最有德行、最有能力的人统治国家，这也就是孔子心中的"天下为公"的境界。《礼记·礼运》中记载了孔子的一段话：

> 大道之行也，天下为公。选贤与能，讲信修睦。故人不独亲其亲，不独子其子，使老有所终，壮有所用，幼有所长，矜（guān）、寡、孤、独、废疾者皆有所养。男有分，女有归。货恶其弃于地也，不必藏于己；力恶其不出于身也，不必为己。是故谋闭而不兴，盗窃乱贼而不作，故外户而不闭，是谓大同。

这番话为我们描绘出"大同世界"的愿景，堪称儒家的乌托邦。它在中国历史上有着深远影响，许多仁人志士都把"天下为公"当作自己终生奋斗的理想，孙中山先生就曾多次亲手题写"天下为公"四个字。

我们将《礼记·礼运》的这一段话逐句解说一下。

"大道之行也，天下为公。"当"大道"真正实现的时候，"天下"不再是某一个家族、某一个利益集团的私产，而是全体人民的公共财产。因此要"选贤与能"，通过公开推举和长期考察的办法，从全体人民中挑选出真正的贤能来治理国家。

在这样一个时代里，"讲信修睦"，社会风气非常良好，人和人之间能够互相信任，彼此和睦。人们不仅仅孝养自己的父母，照顾自己的子女，还能把这份"孝慈之道"推广出去，照顾别家的老人，关爱别家的孩子。这也就是孟子所说的"老吾老，以及人之老；幼吾幼，以及人之幼"的境界，体现出仁者的推己及人。

一起读论语

然后呢？"老有所终，壮有所用，幼有所长，矜、寡、孤、独、废疾者皆有所养。"老年人能够安享晚年，壮年人能够充分地发挥所长，孩子们能够健康成长，至于那些可怜的鳏（guān）寡孤独、残疾人，都能够享受到社会的福利和关爱，不至于流落街头。

"男有分，女有归。"在这里，"分"是职业的意思，"归"是女子出嫁的意思。俗话说，"男怕选错行，女怕嫁错郎"，在"大同世界"里，要让男孩子找到自己喜欢的、能充分发挥能力的职业，让女孩子都嫁到称心的人家。

"货恶其弃于地也，不必藏于己；力恶其不出于身也，不必为己。""货"是财物，既然是"天下为公"，财物便不必"藏于己"。让财富为天下人所共享，这是一种大公无私的境界。但是，无私不等于随便浪费，"恶其弃于地也"，把财物随便乱扔，形成不必要的浪费，也是不行的。"力恶其不出于身也，不必为己。"尽管生活安定，但老百姓并不是好吃懒做，而是以藏奸耍滑为耻。他们辛勤劳作，不是为了自己的私利，而是为了全社会的共同幸福。

在这样一个社会里，民风敦厚朴实。没有"盗窃乱贼"，自然也就"夜不闭户"。孔子说，这就是"大同世界"，是一个和谐亲睦、公平无私的美好人间。那么，"大同世界"如何实现呢？关键是要不分高低贵贱，给每一个人公平地展现才能的机会，通过严格的选拔，让最优秀的人才来治理国家，以此实现整个社会的共同幸福——这就是"禅让"的精神实质。

说起来，"大同世界"的理想和共产主义社会颇有几分相似之处，它不仅是中国人魂牵梦绕的理想之邦，也曾是全人类共同的梦想。我们通过孔子淋漓尽致的描述，重温了这样一个美好的理想，怎么样，要不要继续追寻它呢？

2.和谐之道

再说"和谐之道",这是孔子的第二个政治理想。"大同世界"是一个和谐的社会,我们今天倡导和谐社会,这个理念来自中国古代的传统文化。在古人眼中,什么是真正的"和谐"呢?孔子说:

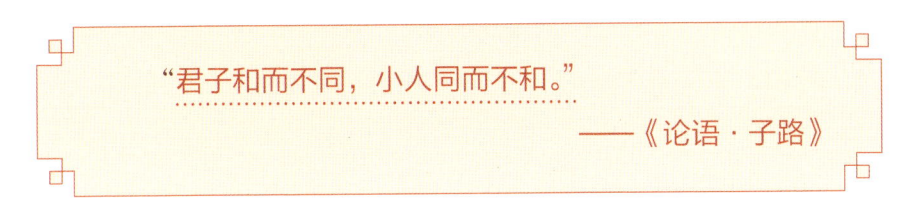

> "君子和而不同,小人同而不和。"
>
> ——《论语·子路》

君子追求与人和谐,而不是完全相同、盲目附和,小人追求与人相同,盲目附和而不能和人相处。在他心中,"和"与"同"是完全不一样的。对于二者的差别,晏子有一段非常精彩的议论。

《左传》中记载,齐景公田猎归来,站在高台上看风景,晏子陪在他身边。这时候,齐国大臣梁丘据驾着马车,一路风烟赶过来。齐景公远远看见,很高兴:"唯据与我和夫!"——满朝文武,只有小梁跟我是"和"的啊!晏子听了一撇嘴:"据亦同也,焉得为和。"——他跟您不过是"同",哪里是"和"的境界。

景公纳闷了:"和与同异乎?"它们之间有什么差别吗?这个问题问得好!晏子说:

> 和如羹焉,水、火、醯(xī)、醢(hǎi)、盐、梅,以烹鱼肉,燀(chǎn)之以薪,宰夫和之,齐之以味,济其不及,以泄其过。君子食之,以平其心。

"和如羹焉",和谐之道就像一锅香喷喷的炖菜。要放水,要加火,还要放醋和肉酱来提味,别忘了撒盐,再扔两颗调味的梅子进

一起读论语

去，然后把鱼啊、肉啊放进去，慢慢地炖。做饭的时候，厨师要协调各种味道，淡了撒盐，咸了加水，这样炖出来的菜才叫美食，君子吃了心里才舒坦。

晏子的意思是，"和"是不同要素之间的协调互补，而不是某个单独的事物一统天下。好比厨师烧个鱼香肉丝，光撒盐，咸死了，光放辣椒，嗓子冒烟了，必须五味俱全，协调搭配，才能让人流口水。

晏子说得好啊！他接着对齐景公说：

> 君臣亦然。君所谓可而有否焉，臣献其否以成其可；君所谓否而有可焉，臣献其可以去其否。……今据不然。君所谓可，据亦曰可；君所谓否，据亦曰否。若以水济水，谁能食之？若琴瑟之专一，谁能听之？同之不可也如是。

君臣之间也是这个道理：您要做一件事，但其中有弊端，我就要把这个弊端指出来，这件事才能真正做好；您想禁止一件事，但里面有合理的因素，我就要把合理的地方指出来，否则您没准就犯错误了。一句话，真正"和谐"的大臣，是敢于给国君挑刺的。梁丘据不是这样的人，他是"同"——您说好，他马上挑大拇指；您说不好，他立刻帮着吐口水。这样的人，好比炖菜只知道放水，演奏乐曲就一个调儿，实在是要不得啊！

晏子说得很清楚，用现代人的话来阐释他的思想，真正的"和谐"，一定要承认事物之间的差异性、特殊性、个体性，通过多元要素之间的互补，达到一个协调适度的状态。"和谐"就像大自然一样，一定是"万类霜天竞自由"的。正因如此，理想中的和谐社会是一个多元的、民主的、百家争鸣的社会，每个人都能发挥自己的特长，表达自己的意见，参与到国家与社会的建设之中。

《国语》中说："和实生物，同则不继。"只有多元的共存，才具有无限的生机，真正的"和"，是社会生命力的源泉。如果是千篇一律、定于一尊，那就是"万马齐喑（yīn）究可哀"，难免要在历史的检验中迅速枯萎。

我们看到，孔子所说的"君子和而不同"，不仅是做人之道，也是治国之道，其中蕴含了深刻的思想。"大同"也好，"和谐"也好，在中国传统文化中蕴含着积极的现代内涵。品读经典，深思古人，让经典与时代充分地碰撞、对话，这也是"温故而知新"的意蕴所在。

3.人心所向

最后说"人心所向"，这是孔子的第三个政治理想。在《论语》中，孔子说过这样一句话：

> 道之以政，齐之以刑，民免而无耻。道之以德，齐之以礼，有耻且格。
>
> ——《论语·为政》

这句话的意思是，用法制禁令去引导百姓，使用刑法来规范他们，老百姓只是求得免于犯罪受惩，却失去了廉耻之心。用道德教化去引导百姓，使用礼制来规范他们，老百姓不仅会有羞耻之心，而且有归服之心。其中，"道"是"导"的假借字，有引导、教导的意思，"齐"是规范、整顿，"免"是免于刑罚。用政令来教导人民，用刑法来约束人民，这是法家的治国之道。韩非子打过一

一起读论语

个比方，法令就像火一样，稍微碰一下，烫得龇牙咧嘴，一辈子不敢再碰——法令严格，毫不留情，老百姓也就不敢违法犯纪。尽管有效，但这种治国理念也有难以避免的弊端，那就是"免而无耻"。在严刑峻法的压力之下，老百姓不敢犯法，虽能免于刑罚，但他们内心却是"无耻"的——缺乏廉耻感，缺乏对道德的自觉。这样的老百姓很容易钻法律的空子，所谓"上有政策，下有对策"，再严密的法律，也约束不住人心。

孔子一句话，把法家的不足说透了。但他并不是反对以法治国，孔子是当过大司寇的人，自然清楚法律的重要性。他是要在"以法治国"的基础上，更上一层楼——"以德治国"。"道之以德"，以德治国的关键在于以身作则，国家的治理者用自己的德行来引导人民，这也就是孔子提倡的"榜样政治"。除此之外，还要"齐之以礼"，用礼制来规范人民的行为。孔子坚信，只要做到这两点，一个国家就会"有耻且格"。"有耻"是在百姓心中建立起普遍的道德自觉。"格"有"来"的意思，也就是归服、向往，指的是一个国家具有高度的凝聚力，是人心所向之处。

什么是"格"？在新中国成立之初，数不清的知识分子放弃了西方优越的工作环境，放弃了汽车别墅，毫不犹豫地回到祖国。他们为了新中国的富强倾尽心血，甚至付出生命，这种高度的民族凝聚力，就是"格"！"有耻且格"，这是多么美好的一个愿景！一个国家，道德树立，人心自觉，具有一种高度的凝聚力，国家的命运和人民的理想息息相关……

我们介绍了孔子的三个政治愿景——天下大同、和谐之道与人心所向。人生有限，理想无涯，孔子的政治理想远远超越了他的时代。理想是光，它在前面照亮了方向，引导着人们的前行方向。不仅对古人如此，对于今天的社会建设来说，孔子的政治理想仍然具有高度的启示。

知识小贴士：

"近者说，远者来"
——儒家的"王道"理想

孔子理想的政治形态，用《论语》中的话说，就是"近者说，远者来"。"说"是"悦"的通假字，就是喜悦。在孔子看来，一个国家凝聚力强的表现，是既能够使本邦人生活喜悦，又能使远方的人心悦诚服地来归顺。这一理想在《孟子》中被归纳为"王道"。孟子将以力服人的方法叫作"霸道"，将以德服人的方法称作"王道"："以力服人者，非心服也，力不赡也；以德服人者，中心悦而诚服也，如七十子之服孔子也。"孟子指出，霸道尽管能够征服别人，但这不过是力量对比的结果，并不是真正的顺服；而王道则以德行感化百姓，只有这样才能使人心悦诚服。《说文解字》中说："王，天下所归往也。"所谓王者，就是能够凝聚天下、包容天下的统治者。只有人民众心所向，一个国家才能真正强大。人民有信仰，国家有力量，民族有希望，这一信念是中华民族一脉相承的思想财富。

六、孔子晚年的悲欢

在孔子晚年，他经历了生命中最沉痛的两次打击。发生了什么事情？孔子又是如何面对悲欢离合、生离死别的呢？孔子最后的教诲是什么？在孔子之后，弟子们又是如何继承他的理想与使命的呢？

（一）颜回之死

公元前481年，也就是孔子七十一岁那年，颜回先他而去了。颜回比孔子小三十岁，他去世的时候，刚刚四十出头，这与他家境贫寒、身体瘦弱不无关系。在众多弟子中，孔子最为欣赏颜回，看到"贫而乐道"的颜回英年早逝，他伤心极了。《论语》中记载说：

> 颜渊死，子哭之恸。从者曰："子恸矣！"曰："有恸乎？非夫人之为恸而谁为？"
>
> ——《论语·先进》

颜回早逝，孔子号啕大哭："噫（yī）！天丧予！天丧予！"（《论语·先进》）啊呀！老天爷是要我的老命啊……弟子们劝他不要太伤心："夫子，您太哀恸了，请节哀啊！"孔子擦了擦泪水，颤颤巍巍地说道："我真的太伤心了吗？可我不为颜回伤心，又该为什么人伤心呢！"回忆起颜回的音容笑貌，他虽然瘦弱，但神情却总是温和而笃定的。"子在，回何敢死"，这充满深情的话语，似乎还回响在耳边，可颜回怎么就走了呢，让自己"白发人送黑发人"啊！想着想着，孔子又流下了哀恸的泪水。

　　颜回是谦谦君子，和同学们的友情都很不错，又是英年早逝，大家都怜惜他，于是商量着要"厚葬"。弟子们来跟孔子请示，心里想着，夫子平常那么欣赏颜回，他死的时候，哭得又那么伤心，一定会同意我们的想法吧。不料孔子只说了两个字："不可！"

　　弟子们没办法，就去撺掇颜回的爸爸颜路。在古代，贵族死后至少是两重棺材，外面是椁，里面是棺，所谓"内棺外椁"。大家商

一起读论语

量着，好歹给颜回做个椁吧，穷了一辈子，葬得体面点儿。但颜回家里很穷，"一箪食，一瓢饮，在陋巷"，没钱做椁。于是颜路含着泪找到孔子，请求孔子把自己的马车卖了，给颜回做椁。

没想到孔子拒绝了他："才不才，亦各言其子也。鲤也死，有棺而无椁。吾不徒行以为之椁。以吾从大夫之后，不可徒行也。"（《论语·先进》）"徒行"是走路的意思。颜路啊，颜回是你儿子，孔鲤是我儿子，不管优秀不优秀吧，白发人送黑发人，一样心疼！当初我葬孔鲤的时候，有棺无椁。所以，今天我不能卖车——我是做过大夫的人，出门必须有车，不能步行。

颜路碰了钉子，回去一说，弟子们炸庙了："夫子有点儿过了！他老人家整天颜回长颜回短的，一碰到真格的，怎么那么小气！不是不舍得卖车吗？咱们凑钱！"于是，弟子们厚葬了颜回。孔子听说之后，长叹一声："回也视予犹父也，予不得视犹子也。非我也，夫二三子也。"（《论语·先进》）颜回啊，你是把我当成父亲的，可是我没有把你当作儿子，没有尽到父亲的责任。厚葬的事不是老师的主意，是你那帮同学们干的啊……

孔子为什么这么说？这件事应该怎么理解呢？乍一看，孔子有些小气，不就是辆马车，有什么舍不得的？还什么大夫的身份，出门不能步行，什么意思嘛！其实，这句话不过是托词罢了。孔子反对"厚葬"，有他对颜回非常深切的一份理解和爱惜。要知道，对一个人真正的爱惜，是要尊重他的理想，维护他的信念，在他生前是这样，在他死后也应是如此。颜回一生清贫，不改其乐，他根本不是一个在乎排场的人。同门想要厚葬颜回，岂不是违背了他君子的节操？

更重要的是，颜回是一个知礼守礼的人，他一辈子的修养是十六个字："非礼勿视，非礼勿听，非礼勿言，非礼勿动。"（《论语·颜渊》）按照礼制，葬礼要"称家之有无"——家里富裕可以厚葬，但不能超过礼制；贫穷人家有棺无椁，简简单单葬了也不算失礼。按照颜回的条件，不该给他准备椁，无论是卖车买椁，还是凑钱买椁，都是让颜回在死之后违礼，背离了他生前从未背离过的志向与理想。

正因如此，孔子坚决反对"厚葬"。他不是吝啬，而是在维护自己与颜回共同的信念，维护他们共同的"道"。但要知道，颜回去世的时候，孔子已经是七十一岁的老人了，丧葬的具体操办他管不到了。而且，颜回的父亲颜路也要"厚葬"，孔子一个当老师的还能再说些什么呢？其实，颜路也好，弟子们也好，他们厚葬颜回也都是一片热忱。但孔子看得比他们更为深远，他的目光始终没有离开自己和颜回共同遵守的道义。

颜回去世之后，孔子的伤心持续了很久。有一次，鲁哀公问他："孔夫子啊，据说您有三千弟子，在这么多弟子中，谁是最'好学'的呢？"孔子毫不犹豫地说："当然是颜回了！"

颜回这个人，能够做到"不迁怒，不贰过"（《论语·雍也》）。什么意思呢？"迁"是转移的意思，"贰"是重复的意思。颜回不会把自己的负面情绪，转移到别人身上；哪怕他不小心犯了错误，也绝不会犯第二次。我们看到，颜回具有一种仁者的胸怀，他不愿意让别人受到毫无理由的伤害，所以会克制自己的情绪，不迁怒于人。与此同时，他有一种君子的修身和自律，人难免会犯错误，但颜回过而能改，绝不再犯。孔子曾经说过："过而不改，是谓过矣。"（《论语·卫灵公》）一个人犯了错误，如果还固执己见，坚决不改，那才是最大的过错呢！颜回与此不同，能够随时"改过"，绝不再犯，真是一位难得的道德君子。

一起读论语

鲁哀公听到颜回的境界，不禁有些神往。但孔子的神色却黯淡下来，他长叹了一口气："可惜的是，颜回寿命太短，已经去世了。我再也没有遇到这么好的学生了……"

知识小贴士：

厚葬到底好不好

大家还记得孔子在齐国遭遇毒舌的时候，晏子是怎么评价儒家的吗？晏婴说儒家非常看重丧礼，即便破费也主张厚葬，这点很不可取。那么我们该如何看待儒家的丧葬观呢？儒家之所以主张厚葬，是基于"孝"的思想。儒家强调"慎终追远""事死如生"，厚葬是为了表达尽孝。但是另一方面，孔子又是反对奢靡的。还记得为了追求死后不朽，给自己打造精美石棺的司马桓魋吗？孔子就把他狠狠批评了一顿，因为他的做法不仅使工匠苦不堪言，而且也违反礼制。可见，"礼"和"孝"同样贯穿儒家丧葬观。孔子的儿子孔鲤病逝时，孔子已经声名在外，但孔鲤只是庶民身份，因此他虽然满心悲伤，仍拒绝厚葬，只按庶民之礼葬孔鲤。颜回虽然是孔子最喜爱的弟子，但他的身份也只是庶民，家境贫寒。因此孔子认为厚葬颜回，既不符合礼，也违背了颜回安贫乐道、遵守礼制的志向与性格。

（二）子路之死

颜回英年早逝，孔子还沉浸在哀伤之中。第二年，又传来了子路的死讯。

在孔子弟子中，子路是一个让人难忘的人。他名叫仲由，字子路，性情刚直，热情直爽，比孔子只小九岁，在二十多岁时就追随孔子读书。孔子一生颠沛流离，子路基本上都陪伴在他身旁。有一次孔子发牢骚："道不行，乘桴浮于海。从我者，其由与？"（《论语·公冶长》）大道不行，我干脆弄个筏子去漂流，找个海岛隐居算了，能跟随我的大概只有子路吧？子路一听高兴坏了："你们看，老师最信任的人是我！"估计他兴冲冲地砍树去了，孔子无可奈何地摇了摇头："子路比我好勇啊，拿他真是没办法……"

炮筒子脾气，加上和孔子年龄差距不大，在孔门弟子中，子路和孔子最没有师生之间的"距离感"。在孔子和弟子的对话中，子路基本上是"抢答型"的，有什么想法站起来就说。弟子中也只有他敢跟孔子顶嘴，心直口快，有不同意见张嘴就来——既豪迈，又有些可爱。当然，孔子也没少批评他，子路太刚直了，太豪爽了，在乱世之中很难保全自己。有一次，孔子看见子路雄赳赳、气昂昂地站在那里，不禁担忧起来："若由也，不得其死然。"（《论语·先进》）——像子路这样的人，恐怕很难善终吧。

一起读论语

因此，孔子时常告诫子路，不能有勇无谋。有一次，孔子当着弟子们的面夸奖颜回，子路忍不住问："老师，如果你要统率三军的话，我们这帮人里你带谁去？"孔子心里一笑，子路啊子路，这就坐不住了？孔子说："暴虎冯（píng）河，死而无悔者，吾不与也。必也临事而惧，好谋而成者也。"（《论语·述而》）"暴虎"是空手打虎，好比武松景阳冈打虎；"冯河"是不戴救生圈，只身游过黄河，用今天的话说，这个人够"虎"的！孔子的意思是，这样的人难以谋事，我还是喜欢"临事而惧，好谋而成者"——碰到事情能够戒慎警惧，善于谋划而能获得成功的人。

当然，子路不是《水浒传》中鲁莽的李逵，他的性格固然直爽，但确实是一个不折不扣的道德君子。他一诺千金，坚守道义，《论语》中说："子路无宿诺。"（《论语·颜渊》）意思是他答应别人的事情马上就办，没有隔过一宿的。《左传》中记载，有位小邾（zhū）国的贵族逃亡到鲁国，还带来了自己的封地。春秋时贵族逃亡，需要和所在的国家签订盟约，来保护自己的利益。这位贵族说："我不想和鲁国签约，请子路代表鲁国跟我发个誓就行。"他对子路的信任，超过了对鲁国的信任，足见子路一言九鼎，名动天下。在别人看来，"信可敌国"是一件光荣的事，但子路却断然拒绝了他："一旦鲁国和小邾发生战争，我战死在城下都不怕。但这个人带着土地来投奔别国，是个叛徒，我不屑于跟这种人立誓！"

慷慨豪杰，一诺千金，这样的英雄人物很难容于乱世。子路晚年在卫国做官，是卫国重臣孔悝（kuī）的邑宰。卫国的政治很混乱，当年卫灵公在位的时候，听信了夫人南子的谗言，把太子蒯聩（kuǎi kuì）赶出卫国，立了孙子蒯辄为君。卫灵公去世之后，太子蒯聩杀回来，和自己的儿子抢夺国君，劫持了大臣孔悝，让他支持自己重登君位。蒯辄争不过自己的父亲，逃出了卫国，后人称他为"卫出公"——逃出去的卫君。

政变发生之时，子路正在城外，一听说出事了，登上马车就往回赶。走到城门口时，遇到了同样在卫国做官的师弟子羔，正在急匆匆地出城逃难。二人见面，子羔连忙说："大师兄，跑吧！卫国国君都逃了，咱们别跟着送死啊！"子路眉头一皱，大声说道："不可！我拿了卫国的俸禄，现在国家有难，孔悝被劫，我怎么能逃避呢！"

于是，子羔仓皇出城，子路毅然进城，一出一进之间，展现出截然不同的人格操守。战乱之中，子路擒贼先擒王，去找太子蒯聩，救出孔悝。要知道，子路的勇武之名传遍诸侯，蒯聩听说子路来了，吓坏了："快躲，快躲，子路太勇猛了！"带着孔悝登上高台躲避。

子路一时攻不上去，便在台下大喊："快放孔悝下来，不然我放火烧台了！"他抱来木柴，要放火逼他们下来。

"不行，子路要放火！派人干掉他！"于是，杀下来两名武士，手持长戈和子路战斗。子路当时已经是六十三岁的老人，寡不敌众，被敌人一戈砍断冠缨。冠缨是用来把冠固定在头上，系在下巴上的两根丝线。冠缨一断，意味着脖子受了重伤，血如泉涌。子路缓缓地坐在地上，在临死之前说了一句话："君子死而冠不免！"君子临死的时候，帽子也要戴正。他咬着牙把帽缨系好，断气了……

孔子听说卫国发生政变，心里很是不安，说道："子羔还可以安全回来，子路一定要牺牲了。"你看，孔子是多么了解自己的弟子。不久凶信传来，孔子站在院子里痛哭起来，那一年孔子七十二岁，这是他晚年的另一个大悲哀。

子路之死，正是"杀身以成仁"。当时政变者已经得手，他明

一起读论语

知于事无补，仍然慷慨赴难；临死之前，更从容地把帽缨系上，在生命的最后时刻守礼以殁（mò）。这种对道义的坚守，真让人无限感怀。孔子说"仁者必有勇"（《论语·宪问》），子路舍生取义，为了信念而从容赴死，这种至刚至大的气概，堪称仁者的真精神、真风骨。

知识小贴士：

"冠"在古代的特殊含义

"冠"在古代是男子成年的标志。男子到了二十岁，在宗庙进行成人仪式，戴上礼帽。因此"冠"在古代有着特殊的象征意义。古人对"冠"非常重视。在正式的场合，如果不戴冠，会被视作不符合礼的行为。《晏子春秋》记载齐景公曾经披着头发出门，守门的人见了，竟然鞭打拉车的马使其返回，并斥责道："尔非吾君也。"齐景公也知道自己理亏，披头散发不成体统，深感惭愧。《史记》中也记载汉武帝有一次因为没有戴冠，看见大臣来奏事，赶忙躲进了帐中。可见，"戴冠"是具有"礼"的内涵的，含有尊敬别人的意味。只有在冠礼的背景下，我们才能理解子路临死前将帽子戴正这一动作的内涵。子路临死前脑海里可能闪过很多画面，但最让他放不下的，是"礼"。他一路追随孔子，从一个鲁莽的人成长为君子，这个过程中他从孔子身上学到的最宝贵的东西，是"礼"。因此他庄重地把帽子戴正，才咽下最后一口气。

（三）圣人的哀歌

颜回和子路相继辞世，孔子的心中无限哀伤，整个人也更加衰老了。子贡陪在孔子身边，仿佛也能感到老师心中的沉郁悲凉。孔

一起读论语

子经常沉默不语，望着远山，望着青天，回顾自己的人生之路，思考着"什么是天道"的根本问题。

有一天，孔子和子贡在一起：

> 子曰："予欲无言。"子贡曰："子如不言，则小子何述焉？"子曰："天何言哉？四时行焉，百物生焉，天何言哉？"
>
> ——《论语·阳货》

孔子悠然说道："子贡啊，我不想再多说什么了。"是啊，孔子教书育人，诲人不倦，他这一生不知讲了多少道理，启发了多少学生。到了晚年，则由言说而归于静默，在无言的安然中，展现大道的根本境界。

子贡没有读懂孔子的"无言"之意，他恭恭敬敬地说："您若不说话了，那我们这些弟子该按照什么去做事呢？"

孔子沉默了一会儿，缓缓说道："上天会说话吗？四季运行不息，万物自如生长，上天还用说话吗？"在充满智慧的静默之中，孔子领悟天道的根本境界——上天虽然无语，但却始终运转不息，从未停下大自然生生不已的节奏，这不就是"天行健，君子以自强不息"的道理吗？万物在天地之道中自由生长，受到天地永恒的滋养，这不就是"地势坤，君子以厚德载物"的境界吗？在天地的静默中，孔子感悟到一种生生不息的力量，一种滋养万物的厚重，这是天地之道的精髓所在。

在孔子看来，天地之道博大深沉，这是人类智慧永恒的源泉。他还曾对子贡说："莫我知也夫！"没有人了解我啊！子贡问道：

"夫子，您为什么这么说呢？"孔子说："不怨天，不尤人，下学而上达。知我者其天乎！"(《论语·宪问》)我这一生，经历了各种坎坷，也遭遇了很多不幸，但我内心坦然，从来不会怨天尤人。我从平凡之处学起，却领会了最为高明的道理。能够读懂我的内心的，恐怕只有上天了。

在孔子心中，自己的精神世界，终将与天道贯通为一。

没过多久，子贡来给孔子请安，看到孔子拄着拐杖在门口徘徊。看到子贡，他说："子贡啊，你来得怎么这样迟呢？"接着长叹一声，歌唱道，"太山坏乎！梁柱摧乎！哲人萎乎！"泰山就要倾倒了！栋梁就要崩坏了！哲人就要像草木一样枯萎了！唱完之后，孔子黯然泪下。

子贡心中一紧，从未听过夫子如此哀伤的歌声，难道说……他连忙扶老师进屋。孔子对子贡说："天下无道久矣，莫能宗予。夏人殡（bìn）于东阶，周人于西阶，殷人两柱间。昨暮予梦坐奠两柱之间，予始殷人也。"(《史记·孔子世家》)天下无道的时间太久了，谁也不能真正地效法我的大道。我昨天晚上做了个梦，梦见自己坐在两个柱子之间，接受别人的祭奠。要知道，夏代人死后，棺材停

在东面的台阶上，周代人停在西面的台阶上，只有殷人，把棺材停在两个柱子之间。我是殷人的后代，这个梦的意思我很清楚……

孔子预感到自己将不久于人世了，果然，他病重不起，七天之后，永远离开了这个世界。这一年，是公元前479年，孔子享年七十三岁。

知识小贴士：

《春秋》——获麟绝笔

《春秋》是孔子的最后一部著作。孔子结束周游列国、返回鲁国之后，集中精力整理鲁国的史书，在历史书写中寄寓着对混乱现实的批判，以及对正道理想的呼唤。《春秋》的写作止于鲁哀公十四年，在这一年，鲁哀公西狩大泽，打到了一只不知道叫什么的奇形怪状的异兽，就拿去请教"博物君子"孔子。孔子一看，鲁哀公猎得的这只"怪兽"，不是别的，正是传说中预示圣王出现的瑞兽麒麟。上古祥瑞惨死面前，孔子大为震惊。在孔子眼中，死去的麒麟不仅意味着圣王之治的一去不复返，同时也像极了在艰难时世中四处碰壁的自己。圣王的祥瑞麒麟，竟被蹂躏（róu lìn）在这样一个无道的乱世；而自己为了大道苦苦追寻，结果却心愿破灭垂垂老矣。于是，孔子大为悲痛："我的道啊，走到头了！"《春秋》写到"获麟"一节，也就此绝笔。而孔子本人，在不久后，就像罗网中的麒麟、绝笔的《春秋》那样，宛如风一般，也离开了人世。

（四）子贡最后的陪伴

孔子去世，弟子们如同失去父亲那样，悲痛万分。他们在孔子墓地附近结庐而居，就像对待父亲那样，为夫子守孝三年。在这三年中，弟子们回顾孔子的言行教诲，开始编写一部"夫子语录"——这部书，就是千秋传诵的《论语》。

光阴弹指即逝，三年之后，正是离别时分，《孟子》中记载了这伤心的一幕：

> 昔者孔子没，三年之外，门人治任将归，入揖于子贡，相向而哭，皆失声，然后归。子贡反，筑室于场，独居三年，然后归。

三年之丧结束了，大家收拾完行李，来向子贡辞行。在古代，朋友相见绝非易事，同学们为了共同的理想会聚在孔子的门下，可如今老师已经去世三年，大家也要各自回乡。"此地一为别，孤蓬万里征"，今日一别，怕是永别！弟子们相对无言，不知是谁发出了一声低低的啜泣，这一声啜泣是导火索，你看，孔门的谦谦君子们失声痛哭，再也遏制不住内心的悲凉……

子贡一个一个地送走了同学们，只身一人又回到了墓地。他在孔子的坟边搭了一间小屋子，独自住了三年，想多追随自己的老师几年。我们可以想象子贡在这三年中的日子，他曾在孔子墓前诵读诗书，反复回味老师的教诲，也曾一次次为孔子的坟头扫去落叶，在夕阳的斜照中潸（shān）然泪下……

要知道，子贡不是寻常人。三年守孝，三年守灵，不知道耽

一起读论语

误了多少生意、多少政事，但是子贡都放下了。他这么做不仅仅是"尽心"，也是"表法"，他是要用自己的实际行动，向世人、向历史昭示孔子在自己心中的分量！在他看来，多么煊（xuān）赫辉煌的世上功名、人间富贵，和孔子所传的理想之道相比都轻如鸿毛。

理想相传，薪火不灭，在孔子身后，他的弟子与后学将其思想发扬光大，子夏、子游、曾子、子张都是一代大儒，曾子作《大学》，子思作《中庸》，孟轲作《孟子》，更成为了影响千古的"四书"。通过历代儒者的不懈努力，孔子的思想发扬光大，成为了中国文化的中流砥柱，《论语》更成为了中国文化中最核心的经典。

知识小贴士：

三年之丧

为什么弟子们要为孔子守丧三年呢？这就要说说古代丧服中最重的一种——三年之丧。服丧是指办完丧事后，亲属要在一定期限内穿丧服、守丧礼，以示哀悼。其中最重要的一个问题就是服丧的期限，期限的长短也彰显着远近亲疏的不同。三年之丧时间最长，也最为隆重，一般用于子为父、妻为夫、臣为君守丧。为什么是"三年"呢？按《礼记》的说法，"子生三年，然后免于父母之怀"，父母给予我们无微不至的照顾，所以父母去世后，孩子也通过服丧三年来表达哀思。在《论语》中，与孝道有关的地方，孔子也常常提及"三年"这样一个特殊的时间。比如，孔子说父亲在世的时候观察一个人的志向，父亲去世后观察一个人的行为，如果他"三年无改于父之道"，就可以称得上"孝"了。可见，弟子们为孔子服三年之丧，其实是把孔子当成父亲一般来对待的。子贡在大家离开之后，又服丧三年，更足见他对孔子的感情之深。想想颜回、子路、子贡……孔子与弟子们之间生死相随的师生情谊，是多么让人动容呀！

孔子之道，始于足下

孔子和《论语》的故事讲完了。

孔子的一生，堪称跌宕起伏。他从人生的泥沼中起步，遭遇坎坷，经受挫折，但始终昂扬不屈，保持着乐观振奋的生命气象。他成就了高明的道德学问，也收获了感人的师生情谊。可以说，在孔子身上，展现出一个平凡的生命，所能达到的无限的可能性。

品读《论语》，是在解读孔子之道，更是要读懂孔子这个人。孔子曾说："人能弘道，非道弘人。"一个人的精神力量与理想信念，是大道得以传承不息、发扬光大的根本。可以说，孔子一辈子的努力，都是在"弘道"。在他看来，人是要有所担当的，在担当大道、担当天下的过程中，成为一个堂堂正正的"大写的人"。

对我们而言，读《论语》，学经典，如何找到自己的担当与责任呢？这是一个值得反复思考，甚至终身思考的问题啊。

成语典故

安贫乐道	暴虎冯河	不耻下问	不惑之年	不教而诛
不舍昼夜	不亦乐乎	不在其位，不谋其政		察言观色
陈力就列	成人之美	大动干戈	待价而沽	箪食瓢饮
当仁不让	道听途说	而立之年	耳顺之年	发愤忘食
犯上作乱	肥马轻裘	斐然成章	分崩离析	过犹不及
后生可畏	患得患失	诲人不倦	祸起萧墙	季孙之忧
己所不欲，勿施于人		既往不咎	见贤思齐	见义勇为
敬而远之	举一反三	举直错枉	君子不器	君子固穷
侃侃而谈	克己复礼	理屈词穷	礼让为国	了如指掌
六尺之孤	名正言顺	讷言敏行	求仁得仁	任重道远
三思而行	色厉内荏	舍己为人	生荣死哀	时不我待
逝者如斯	手足无措	述而不作	死而后已	随心所欲
莞尔而笑	望而生畏	文质彬彬	行有余力	朽木不雕
学而不厌	学无常师	循循善诱	言不及义	言而有信
以德报怨	以人废言	以文会友	一言以蔽之	因材施教
有教无类	欲罢不能	愚不可及	欲速则不达	怨天尤人

★ 微信扫码可见成语典故注音、释义与出处；参照《新华成语大词典》商务印书馆2019年版；《现代汉语词典》商务印书馆第7版。